MITHRIACA IV

LE MONUMENT D'OTTAVIANO ZENO
ET LE CULTE DE MITHRA SUR LE CÉLIUS

ÉTUDES PRÉLIMINAIRES
AUX RELIGIONS ORIENTALES
DANS L'EMPIRE ROMAIN

PUBLIÉES PAR

M. J. VERMASEREN

TOME SEIZIÈME

M. J. VERMASEREN

MITHRIACA IV

LE MONUMENT D'OTTAVIANO ZENO
ET LE CULTE DE MITHRA SUR LE CÉLIUS

LEIDEN
E. J. BRILL
1978

M. J. VERMASEREN

MITHRIACA IV

LE MONUMENT D'OTTAVIANO ZENO
ET LE CULTE DE MITHRA SUR LE CÉLIUS

AVEC UN FRONTISPICE, 1 FIGURE ET 38 PLANCHES

LEIDEN
E. J. BRILL
1978

ISBN 90 04 05808 7

Copyright 1978 by E. J. Brill, Leiden, The Netherlands

All rights reserved. No part of this book may be reproduced or translated in any form, by print, photoprint, microfilm, microfiche or any other means without written permission from the publisher

PRINTED IN BELGIUM

*Aan mijn vrienden
Giuseppe en Franca,
Marc-Maarten en Prisca
Derksen*

TABLE DES MATIÈRES

Préface	ix
I. L'histoire du relief d'Ascanio Magarozzi = Zeno . . .	1
II. L'explication religieuse du relief Magarozzi = Zeno . . .	25
Addenda	54
Index	55
Table des Planches	61

Planches I-XXXVIII

PRÉFACE *

Au cours des dernières décennies on a eu la bonne fortune de découvrir beaucoup de monuments mithriaques, et souvent même les grottes auxquelles ils appartenaient et où jadis était célébré le culte des fidèles du dieu tauroctone réunis en sociétés secrètes. Ce sont surtout les découvertes faites dans la capitale du monde romain qui ont été intéressantes pour la connaissance du culte de Mithra, et on peut en déduire que c'est à Rome même [1] que le cœur de la religion mithriaque a battu le plus fort. Depuis les fouilles entreprises sous l'Église de Sainte-Prisque sur l'Aventin [2] et sous l'Église de Saint Étienne Rotonde sur le Célius [3], nous savons que Rome a été le centre du culte et en a connu une forme très originale dont témoignent les peintures des Mithraea du Palais Barberini et de Marino [4]. Mais depuis quelques siècles on connaissait également quelques monuments perdus très importants et même uniques, tous provenant de Rome, qui ont été retrouvés heureusement soit à Rome soit à l'étranger. Nous les avons réunis ici, dans l'espoir que cette documentation mithriaque qui nous ramène, en même temps, aux premiers dessinateurs romains, trouve enfin une place digne de son importance. Il faut espérer seulement que cet «âge de fer et de béton», où les études classiques semblent définitivement remplacées par la technocratie, saura les conserver comme l'ont fait les siècles passés.

---

* Je voudrais particulièrement remercier Madame et M. Prof. Dr. Jacques Flamant d'avoir bien voulu corriger le français de ces pages.
[1] Voir M. J. Vermaseren, *De Mithrasdienst in Rome* (avec un résumé anglais), Nijmegen 1951; idem, *Mithras, Geschichte eines Kultes*, Stuttgart 1965.
[2] M. J. Vermaseren - C. C. van Essen, *The Excavations in the Mithraeum of the Church of Santa Prisca on the Aventine*, Leiden 1965.
[3] Elisa Lissi Caronna, *Ausgrabungen unter der Kirche San Stefano Rotondo* dans *Korrespondenzblatt* 83, 1976, 72-81.
[4] M. J. Vermaseren, *Mithriaca III: The Mithraeum at Marino*, Leiden 1979 où l'on trouve en même temps une publication nouvelle du Mithréum Barberini.

CHAPITRE PREMIER

L'HISTOIRE DU RELIEF D'ASCANIO MAGAROZZI = ZENO

En 1562 Ugo Aldroandi a fait publier à Venise un guide pour les visiteurs des collections privées d'antiquités grecques et romaines, sous le titre *Delle statue antiche, che per tutta Roma, in diversi luoghi, e case si veggono*. Ce guide, un des premiers que nous connaissons, fait partie d'un guide plus général encore de Lucio Mauro, *Le antichità della città di Roma*[1]. La période de la Renaissance avec son intérêt pour tout ce qui appartenait à la culture romaine, puis pour la civilisation grecque, avait incité les familles aristocratiques à réunir dans leurs palais des collections de manuscrits et de monuments archéologiques. Les cours papales et royales donnaient l'exemple, et ces collectionneurs inspirés nous ont conservé maint document qui, autrement, aurait été perdu ou détruit par l'ignorance. Ces amateurs des antiquités classiques sont les premiers fondateurs de musées tels que nous les connaissons. Pour Aldroandi, aristocrate lui-même, toutes ces collections privées étaient accessibles, et il les décrit pour d'autres visiteurs, et peut-être aussi pour les propriétaires eux-mêmes. Mais malheureusement ses descriptions restent sommaires, indiquant seulement le sujet représenté et y ajoutant parfois simplement quelque particularité, ce qui rend l'identification plus difficile pour nous. Dans les pages 280-283 de son important ouvrage, il décrit la collection réunie par M. Ascanio Magarozzi dans sa maison près de la Torre de' Conti, c'est-à-dire près de la Tour conservée jusqu'à ce jour sur le Forum de Nerva, au coin de la via Cavour. «Messer Ascanio» avait probablement dans sa maison, que nous ne pouvons plus identifier, une grande salle pleine d'antiquités, et la description d'Aldroandi laisse supposer que cette salle était divisée en deux salons, et que dans l'ouverture qui faisait communiquer les deux salons se trouvaient les *due torsi piccoli* mentionnés à part. Dans la seconde

---

[1] Venezia 1556[1]; dans l'édition de 1562 (réproduction Hildesheim 1975) Aldroandi a ajouté quelques monuments.

partie de la salle, le visiteur rencontrait immédiatement le monument qui nous intéresse ici le plus: «Vi è una tavola marmorea, dove di mezo rilevo è un'huomo, che ammazza un Toro, e un cane morde il Toro, un Serpe li punge il ginocchio, un Scorpione, i testicoli; Sono poi à prè d'un albero, un Scorpione, una face, e la testa d'un Toro. De la parte di dietro è una Colomba, di sopra è il Sole, e la Luna, con molti altri vaghi ornamenti. È una de le belle scolture in marmo, che in tutta Roma si vegga». Puis Aldroandi va à la ligne et commence: «Vi sono due tavolette marmoree, dove di mezo rilevo son duo homini con le faci in mano». Ce qui semble indiquer que ces deux bas-reliefs, également mithriaques, ne doivent pas être considérés comme appartenant au premier, dont la finesse est louée spécialement. Dans une troisième chambre «près de la porte», qui semble plus petite, se trouvent encore quelques antiquités, et Aldroandi conclut: «Vi si veggono medesimamente molti altri frammenti antichi: E tutte queste statue, e teste, ha questo gentil'huomo ritrovate ne la sua vigna sul monte Celio presso à Santo Stefano». Il est dommage que ni le plan de Rome fait à la même époque par Leonardo Buffalini (1551)[2] ni celui de Stefano Du Pérac[3] ne nous indiquent où les vignes de Magarozzi étaient situées (Pls I-III), parce que le bas-relief mithriaque qu'il conservait dans sa maison et dont Aldroandi ne donne pas les mesures doit appartenir à un Mithréum situé près de l'Église de S. Stefano Rotondo, où les fouilles de Madame Lisa Lissi Caronna

---

[2] L. Buffalini, *Roma-Edita per Magrm Leonardum - Die XXVI men.Maii-Anno Domini MDLI*; reproduit par la Biblioteca Vaticana et publié par F. Ehrle S.J., *Roma al tempo di Giulio III*, Roma 1911.

[3] St. Dupérac, *I vestigi dell'antichità di Roma raccolti et ritratti in perspettiva*, Roma 1575 contient 40 dessins, dont deux sont consacrés au Célius. S. Du Pérac, *Nova urbis Romae descriptio*, Roma 1577; reproduit par la Biblioteca Vaticana et publié par F. Ehrle, *Roma prima di Sisto V*, Roma 1908. Le plan du Célius a été reproduit par A. M. Colini, *Storia e topografia del Celio nell'Antichità* (Mem. Pont. Acc. Rom. Arch. VII), Roma 1944, 4 fig. 1, d'où nous tirons notre Pl. I (dessiné par Stefano Dupérac, mais incisé par Antonio Lafréri). En général: Chr. Hülsen, *Saggio di bibliografia ragionata delle piante iconografiche e prospettiche di Roma dal 1551 al 1748*, Rome 1915 (Florence 1933²), 38 (Buffalini) et 60 (Dupérac); H. Egger, *Römische Veduten, Handzeichnungen aus dem XV. bis XVIII. Jahrhundert*, I-II, Wien 1931-1932² reproduit (II. Taf. 121) le Célius dans un plan du Rome, datant justement de 1562, année où Aldroandi a publié son livre (*cf.* Colini, *Celio*, p. XIX reproduit le même dessin): A. P. Frutaz, *Le piante di Roma* I-III, Roma 1963.

viennent de mettre au jour, en 1973, une grotte mithriaque[4]. Dans ce nouveau Mithréum, avec quelques bas-reliefs de Mithra entièrement peints, on a découvert aussi quelques inscriptions comportant des dédicaces de membres des *Castra peregrina* dont on a pu retrouver d'autres vestiges[5]. Ce *spéléum* qui est fort intéressant par ses sculptures en marbre et en stuc se trouvait sous le pavement de l'Église, et il ne semble pas qu'il ait pu se prolonger en dehors des murs de la Basilique sur le terrain où autrefois commençaient les vignes. Le «Mithréum Magarozzi» devait donc avoir été situé sur un autre emplacement, sinon les bas-reliefs de Mithra et les deux dadophores proviendraient du nouveau sanctuaire et auraient été transportés dès l'Antiquité, pendant la destruction des *castra* rendue nécessaire pour la construction de l'édifice rotond de la Basilique : hypothèse peu probable, parce que dans les fouilles récentes il semble qu'on ait retrouvé l'inventaire complet du sanctuaire mithriaque et non une partie seulement (même la tête dorée de Mithra d'un des bas-reliefs est restée sur place).

Avant d'aborder donc les problèmes du «bas-relief Magarozzi», il faut savoir où se trouvait le Mithréum lui-même (fig. 1). L'excellente monographie d'Antonio M. Colini[6] sur la topographie du Célius semble apporter la réponse à cette question. B. Aegius dans ses annotations à la Bibliothèque d'Apollodore (f. 1 l. 1, *cf.* CIL VI, 81) fait mention des fouilles que Girolamo Altieri avait fait entreprendre en Mai 1555 sur ses terrains (Pl. I) «*in area Divae Mariae semper Virginis in Caelio monte cognomento in Domnica*»; «*in area montis Coelii ante templum divae Mariae in Navicella*», donc tout près de San Stefano Rotondo dans les environs immédiats de la Piazza Navicella actuelle. Au cours de ces fouilles furent mis au jour quelques monuments qui ont enrichi depuis la collection du Palazzo de Meli

---

[4] J'ai pu visiter les fouilles en 1973 grâce à Madame L. Lissi Caronna, qui en a réservé la publication définitive pour la Série des EPRO.
[5] Sur les *castra peregrinorum* voir T. Ashby-P. K. Baillie Reynolds dans *JRS* 13, 1923, 152-166; pour la situation topographique : R. Krautheimer, *Santo Stefano Rotondo a Roma e la Chiesa del Santo Sepolcro a Gerusalemme* dans *Riv. Arch. Crist.* 12, 1935, 51-102; S. Corbett, *Santo Stefano Rotondo* dans *Riv. Arch. Crist.* 36, 1960, 249-261; R. Krautheimer - S. Corbett - W. Frankl, *Corpus Basilicarum Christianarum Romae* IV, Rome 1970, 198-242 avec bibliographie.
[6] Colini, *Celio*, 47-48; 236-237.

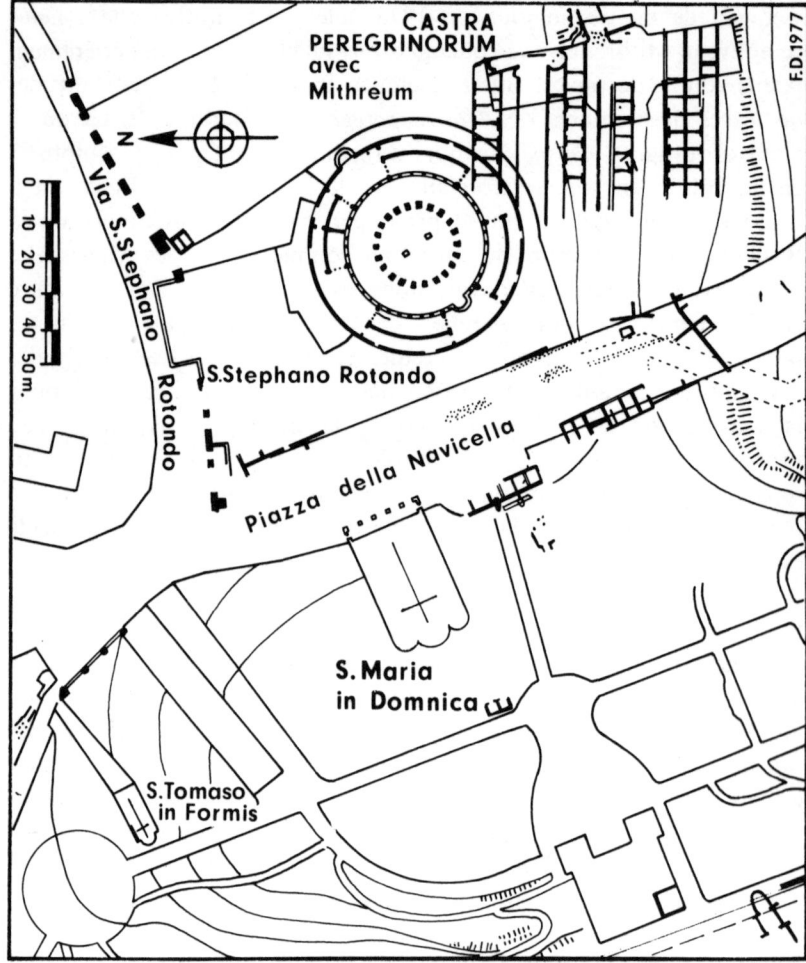

Fig. 1

Altieri, face à l'Église San Gesù (actuellement le Corso Vittorio Emmanuele) et celle de la Villa de Jérôme près de Latran (*infra* p. 49). C'est le Hollandais Pighius, dont nous parlerons plus loin, qui a fait exécuter des dessins d'au moins cinq de ces monuments et en a conservé la mémoire [7] :

---

[7] O. Jahn, *Über die Zeichnungen antiker Monumente im Codex Pighianus* dans *Berichte über die Verhandlungen der kön. sächsischen Gesellschaft der Wissenschaften zu Leipzig. Philologisch-historische Klasse* 20, 1868, 161-235.

1. Un bas-relief de marbre blanc, ou une partie d'un socle représentant la Triade Capitoline sur la partie supérieure et (Pl. IV) avec une inscription (CIL VI, 81) au-dessous [8]. Le monument porte une dédicace de M. Modius Agatho comme les trois fragments suivants, qui doivent donc appartenir à trois autres bas-reliefs différents qui font partie d'un même socle (CIL VI, 82) [9].
2. Bas-relief de Jupiter debout sur un socle (Pl. VI).
3. Bas-relief du Soleil dans son quadrige, avec une inscription en l'honneur de Mithra (Pl. VI).
4. Bas-relief de la Lune dans un bige tourné vers la gauche (Pl. VI).

Dans la collection du Palazzo Altieri se trouvaient encore deux autres monuments qui proviennent sans doute du même spéléum sur le Célius :

5. Bas-relief de marbre blanc (Pl. IX), représentant Mithra debout sur le taureau [10].
6. Bas-relief (Pl. X) plus grand que le précédent (« *extantiori opere* »), représentant Mithra tauroctone [11].
7. Dans l'Église de Saint Thomas (« *in ecclesia S. Thomae in monte Caelio* »), qui est situé au nord-ouest et près de l'Église de Santa Maria in Domnica, se trouvait une inscription (CIL VI, 720) dédiée au *Sol invictus* [12]. La dédicace de L. Arrius Rufinus peut

---

[8] Jahn, 187 n° 60 *folio* 9 ; Cumont, *MMM* II n° 71 bis, *a* avec fig. 65, qui suppose que Pighius a fait le dessin déjà vers 1550 ; Vermaseren, *CIMRM* I n°s 328-329 *cf.* 330-331.

[9] Jahn, 194 n° 82 *folio* 8 : «die flüchtige Zeichnung lässt nicht unterscheiden, ob man verschiedene Teile einer übel erhaltenen Ara, oder Bruchstücke verschiedener Monumente vor sich hat» ; Cumont, *MMM* II n° 71 bis, *b* avec fig. 66 ; Vermaseren, *CIMRM* I n°s 332-333.

[10] *CIMRM* I n° 334 avec bibliographie ; *cf.* M. J. Vermaseren, *A unique representation of Mithras* dans *Vigiliae Christianae* IV, 1950, 142-156.

[11] J. Gruterus, *Inscriptiones antiquae totius orbis romani in corpus absolutissime redactae*, Heidelberg 1602[1], 34 n° 8 ; Zoega, *Abh.*, 150 n° 28 ; Jahn, 190 n° 73 qui mentionne le dessin de Pighius (Pl. X) dans le MS de Berlin, f. 27 (*infra* p. 33 ; 49) ; Lajard, *Mithra*, 76, 1 ; Cumont, *MMM* II, 235 n° 72 ; Chr. Hülsen, *Dei lavori archeologici di Giovanntonio Dosio. Inventario sommario del « Codex Berolinensis »* dans *Ausonia* VII, 1912, 1-78 mentionne (p. 25) les dessins de Dosio (1533-après 1609) dans la Biblioteca Marucelliana, fol. 150 a à Florence (Pls V ; VII ; VIII) ; *CIMRM* II, n° 608. J'ai pu consulter l'album avec les dessins de Dosio grâce à M. Dr. Bruno Nutti, Conservateur à la Bibliothèque Marucelliana. Cf. *BdArte* 5, 1911, 302.

[12] *CIMRM* I, n° 572.

appartenir — comme le suggère A. M. Colini — au même sanctuaire, sinon il faut supposer un troisième Mithréum sous ou près de San Tommaso, ce qui n'est pas complètement exclu. Peut-être le Célius possédait même un quatrième Mithréum, que Lanciani (FUR f. 31) voudrait localiser sur les terrains de la Villa Giustiniani. A ce dernier sanctuaire, trouvée en 1708, auraient alors appartenu le monument représentant la naissance de Mithra [13] avec la dédicace de L. Flavius Hermadion (CIL VI, 731) et quelques autres inscriptions (CIL VI, 723 [14]; 724 [15]; 744 [16]).

Lanciani [17] ne fait pas une distinction précise entre les fouilles d'Ascanio Magarozzi et celles de Girolamo Altieri. Mais il est bien probable que leurs vignes étaient contiguës et que l'un d'eux, probablement Altieri, fut incité par les fouilles fructueuses de l'autre à entreprendre aussi des recherches dans un sol fertile en trouvailles. Lanciani fait remarquer justement que l'épistyle en marbre avec l'inscription de Domitius Bassus (CIL VI, 428), centurion des *frumentarii* et sous-commandant des *peregrini* doit provenir aussi du même site ainsi que l'inscription (CIL VI, 222) mentionnant un édicule dédié au *genius* d'une centurie de la *cohors V Vigilum*. D'autre part il veut attribuer au même Mithréum la base dédié au «dieu Cautes» par Flavius Antistianus (CIL VI, 86), mais Colini [18] observe que cette inscription avait été communiquée à Gori le 2 Juin 1721 avec comme seule indication de lieu, «Caeliolo». Au même site doit être attribuée, comme le suggère Colini [19], une autre inscription (CIL VI, 3327)

---

[13] *CIMRM* I, n⁰ˢ 590-591 (autrefois conservés dans le Palazzo et pas dans la Villa Giustiniani comme mentionne *CIMRM*); *cf.* M. J. Vermaseren, *Deux monuments mithriaques actuellement perdus* dans *Antiquité Classique* 20, 1951, 343-349. Contre cette hypothèse parle le fait que Gudius (*cf.* CIL VI, 731) a vu ce monument en 1662 «chez un sculpteur derrière le Capitole», à moins que celui-ci l'ait restauré pour les Giustiniani.
[14] *CIMRM* I, n⁰ 527 dans la Villa Giustiniani.
[15] *CIMRM* I, n⁰ 526. Conservé dans le Casino de la Villa Giustiniani ensemble avec un relief de Mithra tauroctone (*CIMRM* I, n⁰ 529). Dans *CIMRM* on lit à tort «ad portam Flaminiam».
[16] *CIMRM* I, n⁰ 528 autrefois dans les jardins de la Villa. Dans *CIMRM* on lit à tort «ad portam Flaminiam».
[17] R. Lanciani, *Storia degli Scavi di Roma e Notizie intorno le collezioni romani di Antichità*, Roma 1908, 74-75.
[18] Colini, *Celio*, 48 n⁰ 2bis.
[19] Colini, 236.

qui est de nouveau en relation avec les *castra peregrina*. Mais personne ne parle des constructions qui rendraient indubitable l'existence de ce second Mithréum; Colini ne peut mentionner que quelques «blocchi di travertino» trouvés en 1771 pendant une «cava alla Navicella».

L'histoire de ces divers monuments mithriaques n'en devient pas moins intéressante. Le relief qui se trouvait dans la collection d'Ascanio Magarozzi en 1562 semble avoir été transporté peu après. En 1564 Antonio Lafréri, né à Orgalet près Besançon en 1512, publiait à Rome son *Speculum Romanae magnificentiae*[20]. Le livre était destiné aux visiteurs de l'*Urbs aeterna* et cet éditeur-imprimeur y avait ajouté de nombreux croquis et aussi un relief mithriaque[21] qui correspond exactement à la description d'Ugo Aldroandi, mais qui se trouve maintenant *«in aedibus Octaviani Zeno prope theatrum Pompeii et campum Florae»*. (Pl. XII). De quel dessinateur Antonio Lafréri, qui s'établit à Rome peu après 1540 et y mourut en 1577, a-t-il obtenu cette gravure? L'artiste reste anonyme, mais nous savons par le *Codex Pighianus* de Berlin que l'humaniste Pighius possédait lui aussi un dessin (Pl. XI) du même bas-relief par le même dessinateur[22]. Grâce à la belle étude de feu J. H. Jongkees[23] sur ce Stephanus Winandus Pighius Campensis, nous savons que ce savant hollandais arriva à Rome à la fin de l'année 1548 ou au commencement de l'année 1549 et y resta pendant huit ans au service du Cardinal Carvini. Pendant son séjour dans la Ville Éternelle, Pighius copia nombre d'inscriptions, parfois en collaboration avec Antonius Morillon et Johannes Smetius, illustre habitant de la ville de Nimègue. Pighius a connu aussi beaucoup

---

[20] Le titre complet est A. Lafréri, *Speculum Romanae Magnificencae, Omnia fere quaecumque in urbe monumenta extant partimi juxta antiquam, partim juxta hodiernam formam accuratissime delineata representas,* Romae 1548. La plupart des planches ont été exécutées entre 1548 et 1575, celles de Duchetti entre 1581 et 1585. Il y a un seul exemplaire connu colorié à l'époque (cf. *Cent livres illustrés du XVe au XXe siècle*, Paris (Jardin de Flore) 1, 1977, n° 55). *Cf.* Chr. Huelsen, *Das Speculum Romanae Magnificentiae des Antonio Lafreri* dans *Collectanea variae doctrinae,* Festschrift Leo Olschki, Roma (?) 1921, 121-170.

[21] *Cf.* B. L. D. Ihle, *De antieke wereld in de prentkunst 1500-1700*, Rotterdam 1969, 52 n° 86. Nous remercions Madame Ihle d'avoir bien voulu nous envoyer une photographie de l'exemplaire se trouvant dans le Musée Boymans-van Beuningen à Rotterdam.

[22] Jahn, *Codex Pighianus,* 190 n° 71 «Romae in aedibus Octaviani Zeni prope theatrum Pompeji et Campum Florae».

[23] J. H. Jongkees dans *Mededelingen van het Nederlands Historisch Instituut te Rome,* (Reeks 3) VIII, 1954, 120-185.

de peintres, mais il se nomme lui-même Pighius Poeta Pictorque Pessimus (dans l'album amicorum de Douza) et ce jugement ne semble pas empreint de fausse modestie. «La collection de matériaux d'études est donc», selon Jongkees[24], «de provenance très diverse : il a reçu des dessins de ses amis, il a peut-être pris un dessinateur à son service et il a fait lui-même des dessins; mais en veillant toujours à ce que les dessins reproduisent les monuments dans leur état actuel, sans les additions habituelles[25]». En ces temps où la photographie était inconnu, on vendait, achetait et empruntait des dessins; aussi est-il très probable que Lafréri et Pighius aient été en relation par le canal de leur dessinateur commun et anonyme.

Il est intéressant d'étudier avec attention cette gravure (Pl. XII) et l'explication qui en est donnée en-dessous dans une *tabula ansata*, pour saisir les conceptions qu'avaient les humanistes des mystères de Mithra. «Hac vetusta marmorea tabula, quae Romae in aedibus Octaviani Zeno prope theatrum Pompeii et campum Florae extat, hisce signis ornata, veteres rerum naturalium periti optimi agricolae munus significare voluerunt. Qui assiduo labori, die noctuque, tribus solis, quattuor lunae stationibus, et naturali utriusque sideris cursu observatis, fortitudine, fide, et diligentia, terram fatigando rem agranam tractat. Et proinde earum frugum quae lucis et tenebrarum tempore creantur, oriuntur, excolunturque uberrimum pioventum fert».

A   Sol oriens
B   Rerum natura solis comes
C   Tria solis tempora, oriens, meridies, occidens
D   Luna occidens

---

[24] Jongkees, 182, tandis que Jahn (p. 170) était convaincu que Pighius avait fait lui-même la plus grande partie des dessins.

[25] *Cf.* Jahn, 170 : «Die ungeschickte Hand eines Dilettanten tritt nur ausnahmsweise hervor, durchgängig zeigt sich eine durch lange Uebung erworbene Sicherheit im Auffassung und Wiedergabe; grade die Manier, welche eigentlich die durchgehende ist und daher am ehesten für die des Pighius gelten könnte, verräth eine sehr sichere Durchbildung. Den Stil und die Kunstweise der dargestellten Monumente geben diese Zeichnungen freilich nie wieder, hier verschönern und verhässlichen sie ziemlich gleichmässig und behandeln die verschiedenartige Kunstwerke in einer und derselben Weise. Aber sie sind offenbar nach den Monumenten selbst und mit Treue gemacht, der Zeichner hat nur das, was er gesehen hat, aufs Papier gebracht, er hat sich gelegentlich versehen und sein Original missverstanden, er hat aber nicht willkürlich ergänzt und interpolirt; und darin besteht nicht zum geringsten Teil der Werth dieser Zeichnungen».

E	Rerum natura velox lunae sideri praecipiti comes ideo alata
F	Quattuor lunae tempora, nova semiplena, plena, iterum semiplena
G	Dies facem extollens
H	Nox facem deiiciens
I	Corvus qui diligentiam significat
K	Sane laborator optimus et diligens agricola
L	Bos sive taurus qui terram designat
M	Gladius tauro infixus qui laborum ostendit
N	Sanguis qui terrae fructus demonstrat
O	Canis quo amor et fides
P	Serpens quo providentia
Q	Leo quo robur vel fortitudo significantur
R	Cancer qui creationem
S	Scorpio qui generationem
T	Spicae quae terrae fructus designant
V	Arbor nocturna cum scorpione, qua generationem
X	Arbor deurna cum bovis capite laborem significant

Lafréri donne l'explication usuelle de son temps : Mithra est le modèle des agriculteurs; la mythologie est devenue moralisante : La vertu de l'homme et des bêtes aidera toute la nature à produire. Cette conception de Mithra tauroctone se maintiendra jusqu'en 1700, quand l'évêque Philippe a'Turre commencera à déceler la vraie signification des mystères et de leurs adeptes. La gravure semble reproduire un grand bas-relief entier, divisé en quatre parties. D'abord la scène principale de la tauroctonie qui est, selon Aldroandi, d'une grande finesse et qui témoigne d'une grande originalité et d'un symbolisme profond. Il est caractérisé par la présence de deux arbres au lieu des dadophores, par le lion et par la scorpion et le crabe sur le corps du taureau près des organes génitaux. Puis les deux reliefs de Cautès et de Cautopatès que nous connaissons également par la description d'Aldroandi. Mais on trouve ici une quatrième partie au-dessus de la scène principale, qui n'est connue que par cette gravure : flanqués du quadrige et du bige du Soleil et de la Lune, sept autels brûlants alternent avec six glaives dans leurs fourreaux et deux figures debout entourées de serpents. Il est étonnant qu'Aldroandi mentionne en quelques mots seulement ce quatrième relief : un Soleil, une Lune, et «beaucoup d'ornements vagues». Il ne mentionne pas non plus le lion ni le crabe du bas-relief principal. Aldroandi est donc beaucoup moins précis que le dessinateur de la gravure. Aussi cette gravure a-t-elle été reproduite maintes fois. En 1577 J. Camerarius, dans son livre *De re rustica opuscula nonnulla*[26] en donne une reproduction accompagnée des mêmes théories d'un Mithra agriculteur. B. Marliani procède de même dans *Urbis Romae topografia*, Venise 1588, complété par des additions de Hieronymus Ferrutius = Ferveci. V. Cartari (1674)[27], Leonardus Augustinus (1685)[28] et L. Beger (1692)[29] reproduisent (Pl. XIII) le ou plutôt les monuments mithriaques d'Ottaviano Zeno, toujours d'après la gravure originale, sans apporter d'idées nouvelles et sans vérifier non plus où ils se trouvent alors ni de quoi ils sont faits, terre cuite ou marbre? L'évêque F. della Torre né à Frioule, ne le reproduit pas dans ses *Monumenta veteris Antii hoc est inscriptio M. Aquili et tabula Solis Mithrae variis figuris et symbolis exsculpta* (1700)[30], mais il combat les opinions de ses prédécesseurs qui «*hisce tabulis Mithram seu Solem repraesentari rute animadverterunt, sed neque solliciti de ceteris symbolis, nec de mystica significatione, pene tantum, quae ad Mithram spectant, veterum testimonia cogesserunt*». Ces *viri docti* ont attribué à tort à Mithra le *munus optimi agricolae* et F. della Torre cite Marliani, Joannes Macarius, Joannes Chiffletius, L. Pignorius, Gisbertus Cuperus, Camerarius et Capaccius. Ce savant, qui vivait à Rome comme secrétaire d'un cardinal, avait déjà eu connaissance du livre de Thomas Hyde, *Veterum Persarum et Parthorum et Medorum religionis historia* (Pl. XIV), qui venait d'être publié à Oxford[31], mais

---

[26] Noribergae 1577; Joachim Camerarius était «medicus Norimbergensis».

[27] V. Cartari, *Imagini delli dei degl'Antichi* (ed. L. Pignorius), Venetiae 1674, 294. Voir aussi le dessin fantastique dans Athanarius Kircher, *Obeliscus Pamphilius* IV, Romae 1960, 268 reproduit naguère dans *Mithraic Studies* II, 298 n. 55 et Pl. X a.

[28] L. Augustinus, *Gemmae et sculpturae in latinum versae ab J. Gronovio*, Amstelodami 1685 (Francqueri 1694), Pl. I.

[29] L. Beger, *Spicilegium antiquitatis sive variarum ex antiquitate elegantiarum vel novis lumina illustratarum vel recens etiam editarum fasciculi*, Col. Brandenburg 1692, Pl. XXI et p. 99: «Ita ille ad marmor Borgesianum officium boni coloni exprimentis, ex antiqua marmorea tabula, quae Romae asservatur, in aedibus Octaviani Zini (sic), prope theatrum Pompeji et Campum Florae».

[30] Romae 1700, 161.

[31] Oxonii 1700, 112: «In istis itaque figuris quas apposuimus, visitur Mithra, seu Sol, figura humana regis Persici, qui subigit taurum eumque calcat necatque. Sol in hoc verno signo positus, ibi sedet mundum inferiorem regens et calore suo fovens ac

il n'a guère la possibilité d'ouvrir une discussion avec cet *eruditus auctor*, parce que *typographus a tergo instat*. F. della Torre prouve que Mithra est le dieu Soleil dont le nom d'Abraxas évoque le cycle annuel de 365 jours : *praeterea Gentiles per symbola Mithrae physicas Solis affectiones expresserunt* (p. 177). Il discute longuement le *crux eruditis* c.-à-d. le texte d'Hérodote [32] qui veut assimiler Mithra à Vénus et arrive à la conclusion que les deux divinités ne peuvent pas être identiques mais ont un pouvoir commun, la génération : *Quocumque igitur rem vertamus, nil tandem Mithra nisi Sol est, vel potestas aliqua ad Solem referenda, ubi alio nomine et appelatione notatus referiatur* (p. 177). Le livre de Philippe della Torre est d'une grande valeur et nous en parlerons encore, mais ce qui nous intéresse ici, c'est qu'il ne reproduit pas le monument d'Ottaviano Zeno qui aurait bien illustré sa thèse. Cette omission est réparée deux ans après, dans le livre de A. van Dale, *Dissertationes IX antiquitatibus quin et marmoribus cum Romanis tum potissimum Graecis illustrandis inservientes*, dont la deuxième édition sera publiée également à Amsterdam en 1743 [33]. Van Dale parle de Mithra dans sa première dissertation,

---

fertilitans eundem; appictis etiam animalculorum asterismis in eodem dodecatemorio, cum aliis rebus symbolicis ad coelestem apparatum spectantibus. Hoc autem signum prae aliis exprimere et sculpere amabant, quia sequentis anni ubertatem promittere videbatur. His enim insinuatur, quod provecto vere, cum Sol est in Tauro, omnia florere et vernare cernantur; unde (posito boni ominis emblemate), fertilitas et uberrimus terrae proventus speretur. Tunc enim, ineunte vere, a Sole fit terrae impraegnatio in totius anni sequelam benefica, quando moventur sales, omnis vegetationis principia, quae omnium rerum ubertatem procurare solent. Sol autem (qui homine rege repraesentatur), iam Tauri signum supergressurus, Taurum pone se semi-mortuum relicturus, ad reliquam signorum consequentiam quasi alatus properat, omnia signa peragrare et duodecim laborum suorum opus penitus absolvere gestiens».

[32] Hérodote I, 131 : θύουσι δὲ (sc. Πέρσαι) ἡλίῳ τε καὶ σελήνῃ καὶ πυρὶ καὶ ὕδατι καὶ ἀνέμοισι· τούτοισι μὲν δὴ θύουσι μούνοισι ἀρχῆθεν, ἐπιμεμαθήκασι δὲ καὶ τῇ Οὐρανίῃ θύειν παρά τε Ἀσσυρίων μαθόντες καὶ Ἀραβίων· καλέουσι δὲ Ἀσσύριοι τὴν Ἀφροδίτην Μύλιττα, Ἀράβιοι δὲ Ἀλιττα, Πέρσαι δὲ Μίτραν. Ce texte d'Hérodote se reflète peut-être dans un écrit de Saint Ambroise, *Contra Symmachum* III, p. 840 de l'an 384 : *quam Coelestem Afri, Mithram Persae, plerique Venerem colunt, pro diversitate nominis, non pro numinis varietate*; cf. Herodian V,64 : Λίβυες μὲν οὖν αὐτὴν Οὐρανίαν καλοῦσιν. La question de savoir si Hérodote a dit la vérité ou non intéresse encore les savants aujourd'hui : W. Vollgraff, *Le réveil de Chyndonax* dans *Antiquité classique* 18, 1949, 55-78, surtout 60-62 qui pour Ἀλιττα (lire Ἀλιλάτ?) renvoie à Hérodote III,8; R. Frye, *Mithra in Iranian history* dans *Mithraic Studies* I, Manchester 1975 regarde le texte d'Hérodote tout simplement comme «a curious error» (p. 64).

[33] Amstelodami 1702[1]; 1743[2], diss. IX, p. 17.

quand il traite *De origine et ritibus sacri tauroboli*, mais comme l'a remarqué déjà Franz Cumont, sa science reste inférieure à celle de Thomas Hyde et à celle de l'évêque adriatique. Aussi n'a-t-il rien à ajouter aux données concernant notre monument.

Déjà la lecture des théories du Bénédictin Bernard de Montfaucon [34] dans l'édition de *L'antiquité expliquée et représentée en figures* (1719) montre que les études du culte mithriaque ne font pas de progrès, et la reproduction de notre bas-relief devient de plus en plus inexacte comme, par exemple, à la fin du même siècle, dans le livre de C. Dupuis (1794) [35]. Au siècle suivant c'est W. Drummond [36] en 1811 qui de nouveau ne sait que rapporter des impressions trop personnelles et trop peu scientifiques sur les représentations mithriaques en général et sur notre bas-relief en particulier. On peut vraiment dire qu'une nouvelle ère commence avec Joh. Godofredus Eichhorn [37] et son mémoire présenté à l'Académie de Göttingen le 9 Novembre 1814 en présence du Duc de Canterburry (*dux Cantabrigensis laborum studiorumque nostrorum moderator, arbiter et iudex gravissimus*). Eichhorn a renouvelé les études sur Mithra à un point tel qu'il a beaucoup influencé les interprétations postérieures de Franz Cumont. Ce savant est d'opinion que les monuments mithriaques tels que nous les connaissons sont finalement l'œuvre d'artistes romains qui ont interprété selon leurs connaissances romaines les théories des mages orientaux. On peut en déduire que Mithra comme dieu solaire qui tue le taureau contre sa volonté est en somme un dieu créateur, qui renouvelle toute la nature, quand le soleil entre dans le signe du Taureau. Dans son second discours tenu le 15 Juillet 1815, Eichhorn discute quelques représentations mithriaques et en particulier notre bas-relief dont il reproduit d'ailleurs un dessin effacé sur lequel (Pl. XV) le scorpion est indiqué mais le crabe manque. Notre bas-relief corrobore les

---

[34] I(2), Paris 1719, 373 s et Pl. 215, 4; *cf.* B. de Montfaucon, *Hieroglyphicorum collectanea ex veteribus et neotericis descripta*, Col. Agrippinae 1731, f. 24 f. Sur la vie et l'œuvre de ce savant : J. E. Sandys, *A History of Classical Scholarship*, II, Cambridge 1908, 385-388.

[35] C. Dupuis, *Origine de tous les cultes* I-III, Paris 1794, Pl. 17 ad III, 42.

[36] W. Drummond, *The Oedipus Judaicus*, London 1811, Pl. 13, 2.

[37] J. G. Eichhorn, *De deo Sole invicto Mithra* dans *Commentationes societatis regiae scientiarum Gottingensis recentiores* (classis histor. et philol. III 1814-1815), Gottingae 1816, 153-194; sur notre relief voyez p. 188 s et fig. 5.

textes de Clément[38] et de Jérôme[39] selon qui Mithra indique *totum Solis per annum cursum*, le cours annuel du Soleil. Il est intéressant de lire encore aujourd'hui la description minutieuse d'Eichhorn[40], qui est exemplaire. «Cuius generis anaglypticum opus exhibet marmor, quod seculo secundo assignatur Borghesianum. Cernuntur in illo *intra antrum* Mithras, taurum pugione vulnerans; ex tauri cauda duae prodeuntes spicae frumenti iam naturae; scorpio adfictus genitali membro, sub testibus cancer; infra scorpionem et cancrum serpens, taurum admordens, et infra serpentem leo placide recubans; e regione colli fauciati canis adsilens; a facie quidem Mithrae et tauri arbor frondibus tecta, ad quam alligata est fax erecta et ardens, sub qua taurus capite prominet; a Mithrae autem et tauri tergo arbor fructibus onusta, cui fax depressa appensa est, cuiusque e frondibus prominet scorpio. Ad huius arboris latus cernuntur duae figurae humanae sibi superimpositae: altera in altiore loco collocata Iuvenis serenam frontem prae se ferentis facemque erectam tenentis; altera in inferiore loco posita Senis morosi face depressa. *Extra antrum* exhibetur in uno latere Sol, quadrigis subvectus, in altero Luna bigis devecta; ante Solis currum stat iuvenis serpente circumplicatus, quem excipiunt primum tres arae cum totidem gladiolis, deinde iuvenis alatus et baculum in manu tenens, par modo circumvolutus serpente; denique arae quatuor cum tribus interpositis gladiolis. En imaginem, affabre factam ad diversam Solis per diversas anni tempestatis faciem, eiusque cum Luna reliquisque astris propitium ad terrae fecunditatem promovendam consensum dilucide significandum».

On aura remarqué qu'Eichhorn est le premier qui assigne le monument à la collection Borghèse, ce qu'il fera encore trois fois; pour la date, il renvoie aux *Mémoires de l'Académie des inscriptions* XVI, 1846, 272; il ne mentionne plus les circonstances de la découverte, ni la collection antique d'Ottaviano Zeno. Puis ce savant nous donne son explication du bas-relief dans lequel le sculpteur a voulu exprimer

---

[38] Clément, *Hom.*, VI, 10, 1 (= p. 110 *ed.* B. Rehm-J. Irmscher-F. Paschke, Berlin 1969²): Ἀπόλλωνα δὲ ἥλιον τὸν περιπολοῦντα εἶναι νόμιζε, γονὴν ὄντα τοῦ Διός, ὃν καὶ Μίθραν ἐκάλεσαν, ἐνιαυτοῦ συμπληροῦντα περίοδον.

[39] Jérôme, *Comment. ad Amos* III (= Migne, *PL*, XXV, 1018): *Basilides — qui omnipotentem Deum portentoso nomine appellat* Ἀβραξας, *et eundem secundum graecas litteras et annui cursus numerum dicit in solis circulo contineri, quem ethnici sub eodem numero aliarum litterarum vocant* Μείθραν (= p. 250 l. 232 ss *ed.* M. Adriaen).

[40] Eichhorn, 188 s.

annuum Solis cursum symbolis. «Vernum tempus triplici signo repraesentavit, Mithra taurum iugulante, Iuvene facem accensam ferente, et arbore frondosa. Arbor enim meris frondibus, nullis frugibus interposita, obtecta, naturae revirescentis imago est per se perspicua; quae cum verno tempore, Solis per tauri caelestis signum transeuntis calore nova quasi vita et spiritu animetur, in indicium novi caloris arbori fax ardens appensa est, et in verni temporis argumentum tauri caput sub face prominet, *candidus auratis aperit* quod *cornibus annum Taurus*[41]. Quae capitis taurei de vere explicatio confirmatur arbore opposita, fructibus onusta, ex qua ad indicium prominet scorpius. Praeterea arbori frondosae ex adverso Iuvenis cernitur vultu hilari, facem ardentum erigens: in quo quis non agnoscat verni temporis, totam rerum naturam sua amoenitate ex hilarantis, nuntium? Taurus tandem significat Tellurem, Solis calore ad semina sua protrudenda vi nova vitali animatam.

E Tauri signo egressus Sol sensim, caelesti suo itinere strenue contunuato, ad eam caeli partem pervenit, *qua maxime valido effervet calore*, ut adeo *Leonis inibi signum domicilium Solis* appelletur. Solis igitur annuum cursum expressuri anaglyphorum auctores *Leonem* placide recubantem suis symbolis adiunxerunt, quia is antiquis videbatur *Solis substantiam ducere,* quod *impetu et calore praestet animalia uti Sol sidera.* Paullo post virtus Solis (verno tempore in Tauro diffusa) incipit deficere in Cancro, et ad eius similitudinem paullatim se removere a nobis, ita ut *a corsu supero incipiat obliquus inferiora petere.* Commode igitur marmor Borghesianum *Cancrum* exhibet sub Tauri testiculis ad Solem iam inferiora petentem significandum.

Ut vero in tabula symbolis indicatum erat, Solem in signo Tauri (mense Aprili) aperire gravidam terram, et calore suo educere et

---

[41] Verg., *Georg.*, I 217 f :
candidus auratis aperit cum cornibus annum
Taurus et averso cedens Canis occidit astro
Le commentaire de F. Plessis et P. Lejay est très clair :
Aperit : ouvre l'année agricole, avec une allusion à une étymologie d'*aprilis*, «*quod ver omnia aperit*» (Varro, *L.L.*, VI, 33). Le soleil entrait dans le Taureau le 17 avril (Columelle, XI, 2, 36). Les semailles du millet étaient des plus tardives, fin mars (Col., II, 9, 18) ou avril-mai (Pline, *N.H.*, XVIII, 250). *Cf.* aussi *infra* n. 63.
Averso : le Taureau était représenté tourné en sens inverse du Bélier; quand il montait au-dessus de l'horizon, il paraissait aller à reculons.
Occidit : le Chien ne se montrait plus à partir du soir du 30 avril (Col., XI, 2, 37).

foras protrudere semina ad rerum proventum; ita etiam ad opus anaglypticum perficiendum signis declarandum erat, (mense Octobri) post maturitatem frugum, Sole versus scorpionem declinante, semina amisso vigore propter frigus concludi denuo ad colligendam fecunditatem in visceribus terrae : id quod marmor pluribus signis expressit : primum *Scorpione*, genitale Tauri membrum chelis compressuro ob generationis vim seminalem tunc refressam et debilitatam, quoniam in *scorpione Solis natura torpescit*; deinde *arbore frugibus* quidem *onusta*, sed (ut scorpium ex ea prominentem praeteream) inversam facem exhibente, ob diminutum tempore autumni calorem et mox exstincturum; denique *senis morosi*, facem depressam extinguentis figura, aequinoctici autumnalis signo, quo tempestatis imminens severitas proditur, quemadmodum Iuvene, hilarem faciem prae se ferente et facem erectam manu gestante, aequinoctii verni signo, instantis temporis hilaritas supra nuntiata erat. Et sic quidem annuus Solis cursus cum vi sua generatrice et conditrice commode et apprime significanter signis expressus erat intra antrum.

Etiam extra illud similis ornatus exhibetur. Etenim ne intraturos illud lateret, ad quae sacra accederent, supremae antri orae exteriori imposita cernuntur signorum caelestium symbola, quae ad terrae fecunditatem conferunt, et quidem Sol et Luna, curribus suis insistentes in extremo utriusque lateris angulo; per viam autem a Sole permeandam septem arae in flammulas desinentes, septem Planetarum insignia; denique duo Iuvenes, alter post Solis currum, alter post tertiam aram, uterque quater circumvolutus a serpente, cuius singulis flexibus signa caelestia interposita cogitari debent, quanquam ob figurarum parvitatem in marmore Borghesiano non expressa cernuntur, ut adeo his Iuvenum figuris annuus Solis per totum Zodiacum cursus repraesentatus credi possit. Sunt igitur hi Iuvenes procul dubio Heliodromi».

Le XIXᵉ siècle abonde en publications sur le culte de Mithra; le dieu mystérieux a retenu l'attention surtout durant sa première moitié: Zoega (1817)[42]; Seel (1823)[43]; Müller (1833)[44]; von Hammer

---

[42] F. G. Welcker, *Georg Zoegas Abhandlungen herausgegeben und mit Zusätzen begleitet*, Göttingen 1817, Chap. IV *Ueber die den Dienst des Mithras betreffenden Römischen Kunstdenkmäler*, 89-210; 394-416. Sur la vie et les œuvres de ce savant

(1833)[45]; Lajard (1837; 1838; 1847)[46], tous mentionnent le monument (Pl. XVI) curieux d'Ottaviano Zeno mais personne, après le mémoire d'Eichhorn, et de Zoega[47], ne s'est réellement montré capable de faire progresser la question. Ni les descriptions de notre monument ne sont très exactes, ni les dessins n'en sont originaux, ni l'explication n'en est approfondie. Même dans le livre de Joseph de Hammer, «membre de plusieurs Académies» on peut relever quelques négligences. Selon lui le monument (Pl. XVII) «fut d'abord gravé à Rome, en 1564, par Ant. Lafréri, d'après un marbre antique trouvé dans la maison d'Ottavio Uno (*sic*), près du théâtre de Pompée et du champ du Tibre»; dans la description il ne mentionne pas le cancer, parce qu'il semble, bien qu'il les nomme expressément, n'avoir pas bien étudié les gravures antérieures, plus exactes que celles de son temps. Ensuite de Hammer[48] décrit les particularités de ce relief: «mais ce qu'il y a de caractéristique et distingue celui-ci de tous les autres, c'est qu'on voit deux arbres, l'un à la tête du taureau et l'autre à sa queue, terminée en épis; sur celui de devant est attaché un

---

danois: F. G. Welcker, *Zoegas Leben. Sammlung seiner Briefe und Beurtheilungen seiner Werke* I-II, Stuttgart-Tübingen 1819.

[43] H. Seel, *Die Mithrasgeheimnisse während der vor- und urchristliche Zeit*, Aarau 1823.

[44] N. Müller, *Mithras; eine vergleichende Übersicht der berühmteren mithrischen Denkmäler und Erklärung des Ursprungs und der Sinndeutung ihrer Symbole mit besonderer Berücksichtigung auf die reiche Ausbeute des Mithraeums von Heddernheim*, Wiesbaden 1833 (également paru dans les *Annalen des Vereins für Nassauische Alterthümer* II, 1832, 3 ss).

[45] J. de Hammer, *Mithriaca ou les Mithriaques. Mémoire académique sur le culte solaire de Mithra publié par J. Spencer Smith*, Caen-Paris 1833, 78 ss et Pl. II.

[46] F. Lajard, *Mémoire sur le culte de Vénus*, Paris 1837, 212 et Pl. XVI; idem, *Mémoire sur deux bas-reliefs mithriaques qui ont été découverts en Transylvanie*, Paris 1838, Pl. VI; idem, *Introduction à l'étude du culte public des mystères de Mithra en Orient et en Occident*, Paris 1847, Pl. LXXXIX.

[47] Seule l'étude de Zoega fait exception surtout pour ses théories sur les Mages et par ses recherches systématiques des monuments mithriaques dans lesquels il fait preuve d'une critique personnelle parfois modifiée par Welcker. Voyez Cumont, *MMM* I, p. XXIV: «Ce commentaire sobre et sagace, qui ne se dérobe devant aucune difficulté, est certainement l'étude la plus remarquable qui ait paru sur les monuments mithriaques. Nous avons eu souvent l'occasion d'insister sur sa valeur et de mentionner les opinions qui y sont émises». *Cf.* aussi R. L. Gordon, *Franz Cumont and the doctrines of Mithraism* dans *Mithraic Studies* I, 215-248; 215 n. 2. Le monument d'O. Zeno est mentionné par Zoega, 150 n° 26, 158, 159, 162, 165, 181.

[48] de Hammer, 78 ss.

flambeau élevé, avec une tête de taureau et sur l'autre un flambeau baissé, avec la tête et les serres d'une écrevisse. Le flambeau baissé et le flambeau élevé qui se trouvent d'ailleurs dans les mains des génies représentent très probablement les âmes qui descendent et remontent[49]. Outre ces particularités, ce monument est encore distingué des autres bas-reliefs connus, par les figures du compartiment supérieur. A droite est le Soleil sur un char tiré par quatre chevaux fougueux ; à gauche, on remarque la Lune, avec des cornes de taureau, sur un char à deux chevaux qui paraissent abattus. Entre les deux chars du Soleil et de la Lune il y a sept autels consacrés au feu, qui désignent ou les sept planètes ou les sept grades d'initiations, ou bien les sept feux des Indiens et des Persans. Entre le quatrième et le septième autel sont deux figures entourées d'un serpent : l'une est ailée et l'autre sans ailes ; la première est l'éternité *Aion*, et la seconde peut-être *Chrônos*, le temps. Ces figures paraissent exprimer l'épithète des inscriptions si connues : *soli aeterno, lunae aeternae*».

En 1896, dans son ouvrage monumental sur Mithra, Franz Cumont[50] le reproduit d'après la gravure de Bernard de Montfaucon, et en donne la bibliographie antérieure. A propos du bas-relief surmontant la scène principale, il écrit : «on aperçoit dans les coins supérieurs, à gauche, Sol de face, la tête entourée de rayons, monté sur un quadrige dont les chevaux se cabrent, et à droite Luna, la tête surmontée d'un croissant qui s'abaisse sur son bige. Entre ces deux figures sont rangés sept autels flamboyants, qui alternent avec sept couteaux plantés en terre. Au milieu de cette rangée, un homme nu, ailé, le corps entouré d'un serpent est debout appuyé sur un sceptre. Près du quadrige se tient un personnage semblable, mais sans ailes et sans sceptre. Le premier est évidemment le prétendu dieu Éon. Mais le sculpteur l'aurait-il figuré deux fois ? Je crois plutôt à une erreur du dessinateur et verrais dans le second personnage Phosphoros».

J'ai repris ce monument dans le CIMRM[51], dont les matériaux ont été rassemblés tout de suite après la seconde guerre mondiale et qui a donc besoin d'être révisé et mis à jour. Grâce aux indications de W. Froehner j'ai pu en identifier les deux dadophores (Pl. XVIII)

---

[49] Porph., *De antro Nymph.*, 18 ; 22.
[50] *MMM* II n° 70 et fig. 63.
[51] *CIMRM* I n° 335 avec figs 92 et 93.

(qui se trouvaient autrefois dans la collection d'Ascanio Magarozzi, puis dans la maison d'Ottaviano Zeno, puis dans la Villa Borghèse), dans les réserves du Louvre (Inv. 287), où ils ont été encastrés, comme le montre déjà la publication de Clarac[52], dans la base d'une statue de Pan. Les mesures de ces deux sculptures en marbre sont : hauteurs 0.33-0.35; largeurs 0.18-0.20 et épaisseurs 0.06-0.08. D'après les gravures sur lesquelles les deux bas-reliefs des dadophores sont réunis à la scène principale, j'avais cru devoir déduire que la hauteur du bas-relief devait être 0.68 m, non compris la partie supérieure avec les autels et les deux personnages debout. Mais maintenant je pense que les fouilles de Magarozzi nous ont fait connaître quatre bas-reliefs mithriaques et non pas un seul, parce que je crois avoir retrouvé le relief principal, surtout grâce aux informations et aux photographies (Frontispice et Pls XIX-XXIV) que Mademoiselle Haiganuch Sarian, conservatrice au Musée d'Archéologie et d'Ethnologie de l'Université de São Paulo en Brésil a bien voulu m'envoyer. Nous reproduisons d'abord les indications de Mademoiselle Sarian (lettre du 15 juillet 1976) :

Bas-relief cultuel : Mithra Tauroctone

Ce bas-relief a appartenu à Guido Bezzi et est entré dans sa collection à la fin du XIXe siècle; nous ignorons les circonstances de l'acquisition. Vera Bezzi Guida, qui a hérité ce document de son grand-père, l'a vendu au Musée d'Archéologie et d'Ethnologie de l'Université de São Paulo, où il porte le numéro d'inventaire 76/3.141.

Matière : marbre type Carrare (*marmor Lunense*), blanc, surface lisse, très homogène.

Dimensions : lg. max. : 0.25 m
ht. max. : 0.27 m (y compris le bonnet du personnage)
épaisseur du socle : 0.06 m
épaisseur de la plaque : 0.015 m (la plaque s'amincit vers le sommet : 0.013 m).

Description : la plaque de marbre a une forme hexagonale et son côté le plus long est celui de la partie inférieure; le tout s'amincit

---

[52] F. de Clarac, *Musée de sculpture antique et moderne* I-VI, Paris 1841-1853, II, Pl. 184 n° 506; *cf.* Zoega, *Abh.*, 148 n° 12; *MMM* II 482 n° 58*ter* avec figs 416-417.

vers le sommet suivant la composition de la scène figurée. Bon état de conservation, malgré la partie droite manquante et une cassure dans l'angle droit, où l'objet a subi un recollement.

La scène représente un personnage viril, Mithra, en train de sacrifier le taureau. Le dieu a le genou gauche appuyé sur le dos de la bête, la jambe droite étendue (elle est cassé à hauteur de la cheville); de sa main gauche il saisit le museau du taureau et de sa main droite (conservée en partie seulement) il devait enfoncer l'épée dans le cou de la victime. Le personnage porte une tunique à une seule manche (la manche gauche), bien serrée par un large ceinturon à boucle, et un manteau en partie visible (le manteau devait occuper l'angle supérieur droit du bas-relief, qui n'est pas conservé); un bonnet phrygien coiffe sa tête, laissant apparaître les boucles de cheveux descendant du front jusqu'à hauteur des épaules. Le corps est représenté de face, tourné légèrement vers la gauche et la tête, de trois quarts, vers la droite; un baudrier est attaché au jupon à plis: apparemment le personnage porte des bottes (puisque les doigts du pied ne sont pas marqués).

Le taureau plie les pattes de devant et la patte arrière gauche; la patte arrière droite est tendue suivant le beau mouvement de la scène (parallélisme dans le mouvement de la jambe droite du dieu et de la patte droite du taureau); la tête soulevée de force par la main de Mithra, il est frappé au cou par l'épée et laisse voir une blessure d'où sort du sang que lèche un chien placé à gauche debout sur ses pattes de derrière.

A gauche, au-dessus de la tête du taureau, on voit un arbre sur (ou derrière) une éminence bien indiqué; à l'arbre sont accrochées une torche et une tête de chevreau.

Dans la partie inférieure, à gauche, un lion est assis sur ses pattes, la tête levée; un serpent sort de l'angle droit et s'étale sur le champ, se soulevant, la bouche ouverte, en direction de la blessure; un scorpion est accroché au ventre du taureau, ainsi qu'un crabe, près des organes génitaux.

Mademoiselle H. Sarian, comme elle me l'écrit, a encore des doutes sur mon identification du bas-relief récemment acquis par le Musée de São Paulo avec le monument d'Ottaviano Zeno, surtout parce qu'elle croit que la tête accrochée dans l'arbre devant le taureau mourant, ne serait pas une tête de taureau, comme le laisse supposer la gravure, mais celle d'un chevreau. De plus, il est «impossible de supposer qu'il était, à l'origine, complété par un registre supérieur et par deux figures latérales à droite ; la seule reconstitution possible et cohérente consisterait à combler l'espace vide, à droite, par la plus grande partie du manteau de Mithra. Il me semble néanmoins que les deux reliefs, celui de São Paulo et celui du dessin, suivent de très près le même schéma iconographique et présentent quelques particularités techniques et stylistiques identiques».

Maintenant que nous connaissons la forme hexagonale du bas-relief, nous pouvons aisément être d'accord avec le savant conservateur du Musée : le registre supérieur doit être considéré comme un monument à part. Ce bas-relief pourrait être d'un même sculpteur et d'une même sorte de marbre, mais ce n'est pas tout sûr, et nous ne pouvons pas davantage en déduire la hauteur et la largeur. En ne donnant pas les mesures exactes des deux dadophores, le dessinateur de la Renaissance nous a induit en erreur. Mais, d'autre part, nous pouvons conclure immédiatement que ce même artiste a reproduit très fidèlement les deux dadophores et, si nous ne nous trompons pas, le relief principal ; aussi ne faut-il pas douter que le «registre supérieur» soit également reproduit d'une manière exacte, ce qui entraîne des conséquences pour son interprétation. Quant au bas-relief principal au Mithra tauroctone, la gravure reproduit exactement les parties conservées du relief de São Paulo et disons tout de suite que ce relief est absolument unique dans toute l'iconographie des monuments connus à ce jour. Déjà le seul fait que nous ayons devant nos yeux un *hapax mithriacum* devrait nous permettre l'identification. L'arbre avec le flambeau et la tête de chevreau ou de taureau (voyez ci-dessous p. 21 ; 38), l'attitude du serpent, le lion et la ceinture de Mithra conduisent tous à la même conclusion ; cependant le témoignage le plus significatif est la représentation du scorpion et du crabe (déjà observée par le dessinateur et par Lafréri) sous le ventre du taureau, près des organes génitaux. Une fois acceptée cette identification qui s'impose, on peut conclure que sur la partie actuellement manquante du bas-relief devaient être représentés le corbeau, la plus grande partie du manteau de Mithra et l'autre arbre avec une torche inclinée et le corps d'un scorpion. La tête d'animal accrochée dans l'arbre devant Mithra tauroctone a toujours été interprétée, depuis la première description du relief par Aldroandi, comme une tête de taureau et non comme une tête de bélier dont les cornes, autrement, auraient dû être recourbées. Ce sont justement ces signes zodiacaux et les deux arbres, dont l'un seulement porte des fruits, qui soulignent le symbolisme de ce petit monument.

Au milieu de la scène se trouve le dieu solaire invincible tournant la tête en direction du corbeau (perdu), juste après avoir tué avec son poignard le jeune taureau maîtrisé sous ses genoux. Le visage du dieu est juvénile et sur sa tête aux longs cheveux il porte le bonnet phrygien; la tunique courte est serrée par une ceinture bordée qui est fermée au troisième des quatre petits trous : témoignage de sa virilité, de sa sobriété et de sa jeunesse, non encore abîmée par l'âge qui parfois fait grossir le ventre et déforme la ligne du corps. Le taureau est également jeune, il est un *iuvencus*, selon les hymnes trouvés sous la Basilique de Sainte Prisque [53]; c'est un taureau identique qui est porté par Mithra sur ses épaules dans la peinture du Mithréum de Marino [54]. Le sang du taureau est léché par le chien, et un long serpent dirige sa gueule ouverte vers la même source. Les organes génitaux de l'animal mourant, indiqués sur la gravure entre les pinces du crabe, ont maintenant disparu; le scorpion s'y précipite. Perdus aussi la queue se terminant en deux épis de blé, l'arbre chargé de fruits et le corbeau, mais le lion qui lève la tête vers Mithra et qui est couché à terre près de la tête du serpent est conservé. Pas de dadophores et pas d'espace pour la représentation du Soleil et de la Lune. L'arbre à la torche et à la tête de taureau s'élève sur une colline et semble être un cyprès.

Si nous insistons tant sur la description exacte du monument d'Ottaviano Zeno, c'est qu'il est d'une grande importance pour l'iconographie et l'iconologie mithriaques. Le monument a attiré, dès sa découverte, l'attention des historiens de l'art et des religions. On en connaît même une imitation sur une intaille [55] autrefois dans la col-

---

[53] Vermaseren-van Essen, *Exc. S. Prisca*, 200 ss.
[54] Vermaseren, *Mithriaca* III.
[55] A. C. Ph. Comte de Caylus, *Recueil d'Antiquités* I-VII, Paris 1752-1767, VI, Pl. LXXIV, 1; C. Raponi, *Recueil de pierres antiques*, Rome 1786, Pl. 83 n° 15; Zoega, *Abh.*, 152 n° 38; 184; Lajard, *Intr.*, Pl. CII n° 11; Cumont, *MMM* II, 451 s n° 11 avec fig. 403. La pierre semble perdue.

lection du Comte de Caylus (1692-1765) qui l'avait acquis à Paris (Pl. XXV). Selon lui «ce monument est gravé en creux sur un très beau et très grand morceau de jaspe : le dessin est assez bon à la réserve des deux pins ou des deux arbres placés aux côtés de la figure principale, dont le dessin est aussi ridicule que l'exécution en est mauvaise». La pierre n'a pas échappé à l'attention du maître qu'était Franz Cumont, qui a déjà dit sur elle l'essentiel : «Le faussaire a reproduit presque trait pour trait le bas-relief du palais Zeni (sic), mais partout où il s'est écarté de son modèle, il a trahi son ignorance. Il a supprimé les dadophores et le corbeau qui n'eussent certainement pas fait défaut dans une représentation aussi compliquée, remplacé les autels flamboyants par de simples flammes, qui ne se rencontrent jamais sur les monuments mithriaques, et ajouté au-dessus de chacun des arbres, une torche dirigée en sens opposé à celles qui y sont attachées, addition contraire au sens symbolique de ces flambeaux. La pierre présente cependant un détail intéressant. Au-dessus du quadrige de Sol, on voit un homme agenouillé devant un rocher irrégulier, et derrière lui sept étoiles. Dans les bas-reliefs où apparaissent sept autels, sept étoiles leur répondent souvent, et le personnage agenouillé nous est bien connu par la scène de l'archer, si fréquente sur les monuments Danubiens. Il faut donc que le faussaire ait emprunté de complément à quelque sculpture mithriaque — et aucune de celles où la scène de l'archer se rencontre, n'était publiée au commencement du XVIIIe siècle — ou bien qu'il ait vu le bas-relief du palais Zeni, à un moment où le coin gauche supérieur, qui manque sur les reproductions, était encore intact».

Maintenant que nous connaissons la plus grande partie de la scène principale du relief original, il semble que le faussaire ait connu et les dessins antérieurs et peut-être même l'original. La tauroctonie a été reproduite assez fidèlement. Pourtant il y a quelques différences. Le faussaire de la pierre a omis le corbeau et il fait se terminer la queue du taureau en trois épis au lieu de deux sur les dessins. Il place le serpent et le lion plus bas qu'on ne les voit en réalité sur l'original et sur le dessin de Lafréri ; en revanche il est plus exact dans la reproduction de la tête redressée du serpent. Il reproduit aussi le scorpion et le crabe, et il ajoute deux torches au-dessus des arbres, qui se trouvent également dans le bas-relief original, plantés sur des montagnes. Mais il est bien possible que le faussaire n'ait connu les reliefs des deux dadophores que par des dessins et n'ait pas voulu les omettre complètement, mais qu'il ait ajouté leurs symboles sur la tauroctonie où ils se trouvent ordinairement. En effet, nous savons aujourd'hui que ces deux reliefs n'ont jamais appartenu à la scène centrale de la tauroctonie et sont deux reliefs à part, qui peuvent avoir été encastrés au commencement des deux bancs latéraux (*praesepia*) du Mithréum trouvé sur les terrains d'Ascanio Magarozzi[56]. Il ne faut pas s'étonner que sur le jaspis le corbeau manque : même sur le relief original il n'y avait pas de place pour lui là où le dessin de Lafréri le reproduit et le dessinateur lui-même indique ici deux cassures.

Mais ce qui est beaucoup plus remarquable, c'est que, en fin de compte, le faussaire de la pierre a noté la forme octagonale du relief plus exactement que le premier dessinateur. Il a dessiné une sorte de grotte que le bas-relief ne présente pas en réalité. Mais, par ailleurs, la partie supérieure de la tauroctonie laisse planer des doutes sur la forme rectangulaire du registre supérieur tel qu'il a été dessiné au temps de Lafréri et de Pighius. Le bas-relief retrouvé ne présente pas de traces d'attaches pour ce registre supérieur, mais naturellement il est possible que ce dernier ait été encastré dans la niche cultuelle du Mithréum, au-dessus de la représentation de Mithra tauroctone. Dans ce cas, le meilleur emplacement des chars du Soleil et de la Lune pourrait être précisément celui où le faussaire les a représentés sur la pierre. Le dessin de Lafréri indique à gauche du quadrige du Soleil une partie perdue et il n'y a aucune place entre le Soleil et le premier personnage debout. Cependant l'intaille montre ici une figure agenouillée entourée par huit étoiles où G. Zoega[57] a voulu voir une Vénus Ourania, mais que Franz Cumont interprète plus justement comme un Mithra archer agenouillé devant un rocher d'où il fait jaillir l'eau miraculeuse. Franz Cumont a observé

---

[56] Pour l'expression *praesepia* : CIL XIV, 4314 = *CIMRM* I, n° 233; quelques exemples de représentations des dadophores au commencement des bancs latéraux : Ostie, Mitreo delle sette sfere (*CIMRM* I, n° 243; Maria Floriani Squarciapino, *I culti orientali ad Ostia* (EPRO 3), Leiden 1962, 43 s); Capoue (M. J. Vermaseren, *Mithriaca* I (EPRO 16), Leiden 1971); Marino (M. J. Vermaseren, *Mithriaca* III (EPRO 16), Leiden 1979); Rome (Vermaseren-van Essen, *Exc. S. Prisca*).

[57] Zoega, *Abh.*, 152 n° 38; 184.

que cette scène, fréquemment reproduite sur les bas-reliefs danubiens et rhénans, ne pouvait pas être connue du faussaire par l'intermédiaire d'une publication. Même aujourd'hui, après tant de découvertes nouvelles, on ne possède toujours pas de représentation de cette scène à Rome, bien que les Mithraïstes l'aient connue, comme le prouvent les fouilles faites sous l'Église Sainte Prisque sur l'Aventin; ce qui [58] précisément nous amènerait à conclure que l'artiste de l'intaille n'a pas pu inventer cette scène de lui-même mais l'a vue (à Rome ou à Paris?) sur le coin gauche du relief actuellement perdu.

En résumant, on peut constater que les *membra disjecta* des fouilles de Magarozzi ou du « relief Zeno » montrent quelques particularités et caractéristiques qui constituent ensemble un grand *hapax mithriacum* : le scorpion et le crabe près des organes génitaux du taureau, l'omission possible du corbeau, les deux arbres devant et derrière la tauroctonie, les deux personnages entourés d'un serpent, et peut-être le tableau de Mithra archer entouré par huit étoiles; c'est assez pour considérer cet ensemble comme l'un des plus curieux parmi les monuments mithriaques trouvés à Rome. Depuis leur découverte et leur première publication, le, ou plutôt les monuments d'Ottaviano Zeno ont beaucoup influencé les théories relatives aux mystères de Mithra et l'explication de la tauroctonie. Il faut donc suivre les traces du rôle que ces bas-reliefs, aujourd'hui retrouvés à l'exclusion du bord supérieur, ont joué dans les recherches du XXe siècle.

---

[58] Vermaseren-van Essen, *Exc. S. Prisca*, 193 ss line 4: *fons concluse petris qui geminos aluisti nectare fratres.*

CHAPITRE II

L'EXPLICATION RELIGIEUSE DU RELIEF MAGAROZZI = ZENO

Nous avons vu que les savants du siècle passé avaient mis le taureau en relation avec la Lune : la mort du taureau signifierait donc la victoire du Soleil sur la lumière de la Lune ce qui se passerait surtout quand le Soleil entre le signe du Taureau [1]. K. Stark penche [2] aussi pour une interprétation astronomique : «Die Mittelscene der Höhle, die Stierbändigung und Tötung, ist das Bild des Sonnenhelden, der im Umlauf des Sonnenjahres immer neu die Kraft des Mondes, der den Monatwechsel und in ihm das Werden und Vergehen alles Lebens, des Pflanzen wie des Thier und Menschenlebens bedingt, der in sich die Samen der lebendigen Wesen trägt, begränzt, ja ihn mit schmerzlicher Teilnahme tötet um aus dem Tode neues Leben, ein neues Jahr hervorgehen zu sehen». Le même auteur [3] avait déjà remarqué que le groupe original de la tauroctonie devait «avoir été composé de quatre figures : Mithra, le taureau, le chien et le scorpion». Ces quatre figures jouent en effet le rôle le plus actif dans cette scène si énigmatique; aussi il semble que Franz Cumont [4], dans ses efforts pour l'élucider, ait préféré une explication plus dynamique et plus symbolique à l'exégèse astronomique proposée par ses devanciers. Cette explication, on l'a souvent remarqué [5], a eu une influence

---

[1] *Supra* p. 11 ss et Cumont, *MMM* I, 201.
[2] Cumont, *MMM* I, 200 n. 8; K. B. Stark, *Zwei Mithraeen der Grossherzoglichen Alterthümersammlung in Karlsruhe*, Heidelberg 1865, 43.
[3] Cumont, *MMM* I, 189; Stark, *o.c.*, 43 : «Die am Boden sich hinziehende Schlange mit dem Wasserbecher ist nicht als Feindin des Stieres, sondern als Bild des fliessenden Wassers, des irdischen Stromes zu fassen und steht zum Löwen, dem Bilde der Gluth, der Wärme, im bewussten Gegensatze». *Cf.* K. B. Stark, *Die Mithrassteine von Dormagen. Nebst anderen Ineditis des Mithrasdienstes* dans *Jahrbücher des Vereins von Alterthumsfreunden im Rheinlande* XLIV-XLV, 1868, 1-25, spécialement 19.
[4] Cumont, *MMM* I, 202 : «Ce symbolisme alambiqué répondait à l'esprit d'une époque où les combinaisons fantastiques de l'astrologie étaient généralement acceptées comme des articles de foi, mais les archéologues modernes perdraient leur peine à vouloir rivaliser à cet égard de subtilité avec les théologiens antiques».

profonde sur toutes les recherches mithriaques de notre siècle, et à juste titre je crois, parce que, même si, après les découvertes nouvelles, la reconstitution de Franz Cumont ne peut plus être admise pour certains aspects particuliers, l'essentiel de ses théories sur le rôle actif de Mithra tauroctone et sur le culte de ses adeptes n'en reste pas moins globalement vrai. Le grand savant belge a découvert et esquissé les traits principaux du dieu et de ses mystères; il a tracé un portrait de Mithra que l'on peut retoucher, mais non effacer. Ce qui est à retoucher, ce sont surtout après les recherches nouvelles d'iranistes comme Ilja Gershevitsch [6], les caractères présentés par Mithra dans son pays d'origine. Tandis que Franz Cumont comme ses prédécesseurs a voulu maintenir des rapports étroits entre le Mithra iranien et le Mithra d'Occident, on s'aperçoit de plus en plus que les données manquent justement pour esquisser cette relation et son développement historique [7]. On voit même que la méthode consistant à expliquer la personnalité et les mystères de Mithra par les antécédents du Mithra

---

[5] R. L. Gordon, *Franz Cumont and the Doctrines of Mithraism* dans *Mithraic Studies*, Manchester 1975, 215-248 : «The implication of the argument is that we know, and can know, much less about Mithraism than is usually supposed — that indeed our ignorance about the pantheon, about eschatology, about myths, about the whole superstructure of the religion, is virtually complete. There is an abyss where Cumont planned to see solid ground. In some areas of classical scholarship, no doubt, speculation is of positive value : but in Mithraic studies there has been very little else for a very long time». (p. 246).

[6] Ilja Gershevitch, *The Avestan Hymn to Mithra*, Cambridge 1959; idem, *Die Sonne das Beste* dans *Mithraic Studies* I, 68-89; C. Colpe, *Die Existenz iranischer Mysterien* dans *Mithraic Studies* II, 378-405 : «es sei wiederholt, dass an der Identität des Mithras der Mysterien mit dem Mithra Irans nicht gezweifelt werden soll. Aber faktisch lag ein Bruch in diesen Linien, und zwar ein so tiefer, dass sowohl die iranische Mithra-Mythologie als auch die verschiedenen iranischen Sozialstrukturen für die Erklärung der Entstehung der Mithras-Mysterien nicht ausreichen. Wenn man dies anerkennt, ist man gezwungen nach einer andersartigen Erklärung zu suchen». (p. 403).

[7] Pas les iranistes mais de nouveau Fr. Cumont est l'objet des attaques sévères de M. J. R. Hinnells, *Reflections on the Bull-Slaying Scene* dans *Mithraic Studies* II, 290-312 : «Indeed, one can go further and say that the portrayal of Mithras given by Cumont is not merely unsupported by Iranian texts but is actually in serious conflict with known Iranian theology. Cumont reconstructs a primordial life of the god on earth, but such a concept is unthinkable in terms of known, specifically Zoroastrian, Iranian thought where the gods never, and apparently never could, live on earth. To interpret Roman Mithraism in terms of Zoroastrian thought *and* to argue for an earthly life of the god is to combine irreconcilables. If it is believed that Mithras had a primordial life on earth, then the concept of the god has changed so fundamentally that the Iranian background has become virtually irrelevant». (p. 292).

iranien n'est pas valable et conduit le chercheur dans une fausse direction : les fouilles de Doura-Europos [8] et les découvertes de textes dans le Mithréum de Sainte Prisque à Rome [9] l'ont prouvé. Dans ces deux temples on trouve en réalité peu de choses qui nous ramènent vers l'Iran ou l'Inde antique avec ses écritures sacrées de l'Avesta et des Vèdes. Le Mithra oriental nous échappe dès que nous voulons le mettre en relation avec les mystères du Mithra d'Occident. A l'exception des monuments trouvés en Syrie et en Égypte, tous également datés de la domination romaine, nous ne trouvons pas un seul temple ou document mithriaque en Asie Mineure, même pas après toutes les fouilles entreprises par les archéologues de ce siècle dans toutes ses provinces. Quand on veut en donner au moins un exemple, on cite toujours la monnaie de Tarse [10] frappée sous Gordien, monnaie qu'on a voulu mettre en relation avec la victoire de Pompée sur les Pirates de Cilicie qui auraient été des mithriastes selon le texte incertain de Plutarque [11], dans le seul but de prouver la continuité des mystères de Mithra pendant son long voyage d'Iran en Italie. Même situation en Grèce; on n'y trouve pour ainsi dire pas de monuments mithriaques, tandis qu'abondent les traces d'autres cultes orientaux comme celui d'Isis ou de Cybèle qui y étaient arrivés bien longtemps avant que la Grèce ne fût devenue une province romaine : aussi s'efforce-t-on de

---

[8] Fr. Cumont, *The Dura Mithraeum* dans *Mithraic Studies* I, 151-214 (publié par E. D. Francis); E. D. Francis, *Mithraic Graffiti from Dura-Europos* dans *Mithraic Studies* II, 424-445.

[9] Vermaseren-van Essen, *Exc. S. Prisca*, 179 ss; *cf.* une conférence de 1973 par M. J. Vermaseren, *Nuove indagini nell'area della Basilica di Sa Prisca a Roma* dans *Mededelingen van het Nederlands Instituut te Rome* 37, 1975, 87-96 : «Gli inni di Santa Prisca non contengono alcuna allusione al parsismo. Non dimentichiamo che gli inni di Santa Prisca non offrono una sola riga identica al Yasht X dell'Avesta; d'altra parte non possiamo più, dopo tanti anni di ricerche archeologiche nell'Asia Minore, sperare ancora di trovare il Mitraismo nascente in Turchia. Credo piuttosto che dobbiamo abituarci a credere ad un Mitraismo occidentale cioè fondato in un mondo ellenistico-romano» (p. 94). On voit les mêmes idées exprimées par R. N. Frye, *Mithra in Iranian History* dans *Mithraic Studies* I, 62-67 : «The aberrant forms of cult in Western Mithraism are not found in Iran» et par R. L. Gordon dans *Mithraic Studies* I, 246 n. 119 : «It is therefore unrealistic to insist on the 'Anatolian origins' of the mysteries».

[10] *CIMRM* I, nº 27; *cf.* A. L. Frothingham, *The Cosmopolitan Religion of Tarsus and the Origin of Mithra* dans *AJA* 22, 1918, 63 ss.

[11] Plut., *Pomp.*, 24, 7; sur ce texte voir R. Turcan, *Mithras Platonicus* (EPRO 47), Leiden 1975, 1 ss. La valeur du texte a été mise en doute par C. M. Daniels dans *Mithraic Studies* II, 250 et E. D. Francis, *ibidem* I, 207 ss.

prouver que la connaissance de la religion iranienne, et surtout du dualisme, remonte au temps de Platon[12]. Mais le témoignage qui devrait donner la preuve que ce système a été acclimaté par l'intermédiaire de Mithra[13] manque toujours. Pour revenir à la Syrie, quoiqu'on en dise, ni les textes de Nemrud-Dag[14] ni les fouilles d'Arsameia[15] dans la Commagène, activement menées pas Friedrich Karl Dörner, ne nous ont fourni de preuves suffisantes de l'existence des mystères de Mithra en Orient. Au total, l'apport d'un Mithracisme iranien parvenu jusqu'en Occident se réduit pratiquement à zéro, car on ne peut guère citer à l'appui la visite de Tiridate d'Arménie à Rome au cours de laquelle Néron aurait été initié aux mystères mithriaques[16]. Il n'y a qu'une inscription métroaque de la fin du IVe siècle dans laquelle le regretté H. J. Rose[17] a voulu reconnaître un texte emprunté aux livres persans. Les auteurs latins[18] appellent Mithra un dieu «perse» mais ne nous livrent rien des textes religieux de l'Iran; les textes mithriaques de Sainte Prisque ne donnent pas une seule indication permettant d'affirmer que les prêtres mithriaques aient eu une connaissance directe ou indirecte des textes iraniens.

Tout cela nous conduit nécessairement à la seule conclusion possible: les mystères de Mithra se sont constitués en Occident même et par

---

[12] Sur Platon et l'Orient: Th. Hopfner, *Orient und griechische Philosophie* (Beihefte zum Alten Orient 4), Leipzig 1925; C. W. Vollgraff, *Oostersche invloeden op de Grieksche Wijsbegeerte* dans *Jaarboek Ex Oriente Lux* 7, 1941, 347 ss.; idem, *Influences orientales dans la civilisation hellène et moderne* dans *Mél. Bidez*, 993 ss.; Jula Kerschensteiner, *Plato und der Orient* (diss.), Stuttgart 1945; J. Bidez, *Éos ou Platon et l'Orient*, Bruxelles 1945; A. J. Festugière, *Platon et l'Orient* dans *Rev. de Philol.* 21, 1947, 5 ss.; Fr. Cumont, *The Dura Mithraeum* dans *Mithraic Studies* I, 155 ss.

[13] W. J. W. Koster, *Le mythe de Platon, de Zarathustra et des Chaldéens*, Leiden 1951, 84: τὸν Πλάτωνα ἐκ τοῦ Πλάτωνος σαφηνίζειν. Voir aussi: Yvonne Vernière, *Symboles et Mythes dans la pensée de Plutarque*, Paris 1977, 157 ss.

[14] H. Waldmann, *Die kommagenischen Kultreformen unter König Mithradates I. Kallinikos und seinem Sohn Antiochos I.* (EPRO 34), Leiden 1973.

[15] Fr. K. Dörner-Theresa Goell, *Arsameia am Nymphaios*, Berlin 1963; Fr. K. Dörner, *Kommagene. Geschichte und Kultur einer antiken Landschaft* dans *Antike Welt* 6, 1975, 3 ss.; E. Schwertheim, *Monumente des Mithraskultes in Kommagene* dans *Antike Welt* 6, 1975, 63-68.

[16] Suet., *Nero*, 13; Dio Cassius LXIII, 5, 1-7; Fr. Cumont, *L'iniziazione di Nerone da parte di Tiridate* dans *Riv. Fil.* 61, 1933, 145-154.

[17] H. J. Rose, *A Taurobolic Inscription from Rome* dans *JHS* 45, 1925, 180-182; M. J. Vermaseren, *Corpus Cultus Cybelae Attidisque* III (EPRO 50), Leiden 1977, n° 239 avec bibliographie.

[18] M. J. Vermaseren, *De Mithrasdienst in Rome*, Nijmegen 1951, 12-13.

conséquent dans sa métropole, Rome, où se trouvaient réunis des représentants des diverses écoles philosophiques souvent influencés par l'Orient, capitale qui profite de tout le bagage de l'Hellénisme et où comme le dit si subtilement le poète [19], «l'Oronte se déverse dans le Tibre». On ne peut donc prouver l'existence d'un «Männerbund» iranien à Rome, alors qu'un culte égyptien pour Isis et Sérapis y a trouvé sa place. Dans les *spelea* Mithra est adoré comme un dieu dont on rappelait l'origine perse, mais que les artistes ont représenté comme un prince asiatique ou un jeune roi solaire [20]. Les mystes ont connu le vœu et la salutation *nama* [21], mot emprunté à la langue perse et donc retenu comme étant plein de force magique; ils ont connu également dans leur hiérarchie de l'initiation le grade supérieur de Perse, qu'ils mettaient en relation avec la lune et peut-être avec Persée [22], héros mythique de l'Asie Mineure qui a décapité avec son glaive la monstrueuse Gorgone. Dans la rubrique des mots empruntés directement à l'Iran, on a voulu citer l'inscription *nama Sebesio* qui se trouve sur le ventre du taureau succombant au coup mortel de Mithra sur le fameux bas-relief de la villa Borghèse, actuellement au Louvre [23]. Ceux qui, comme Franz Cumont [24], voulaient mettre en évidence la relation entre les livres *pehlvis* et le culte mithriaque occidental, ont interprété *Sebesius* comme une traduction du nom de Saoshyant, le sauveur iranien qui, à la consommation des temps mettra fin pour toujours à la lutte entre les puissances du Bien et du Mal, grâce à la victoire définitive d'Ahura-Mazda. Mais si l'on étudie toutes les inscriptions *nama*, on se convaincra aisément que le mot *Sebesius* est soit identique à Sabazius soit un nom d'initié, peut-être, comme à Sainte Prisque, celui d'un des Lions, et que ce nom pourrait avoir une signification cultuelle apparentée à Sabazius, le Dionysos thrace, dont le culte était bien connu dans la capitale [25].

---

[19] Juvén., III, 62; *cf.* Cumont, *Rel. or.*[4], 19.
[20] M. J. Vermaseren, *Mithriaca* III. *The Mithraeum at Marino* (EPRO 16), Leiden 1979.
[21] Vermaseren-van Essen, *Exc. S. Prisca.*, 148 ss.
[22] Fr. Cumont dans *CRAI* 1945, 418; Vermaseren, *Mithrasdienst in Rome*, 21.
[23] Vermaseren, *CIMRM* I, n° 416.
[24] Cumont, *MMM* I, 314 n. 2.
[25] Bien qu'on n'en trouve pas d'autres exemples dans le CIL. Pour le culte de Sabazius sur le Capitole, d'où provient également le monument mithriaque du Louvre

Nous connaissons d'ailleurs les relations étroites existant entre les cultes des deux jeunes héros, Mithra et Dionysos [26]. Le breuvage de vin immortel dans les mystères populaires de Dionysos correspond, dans les mystères de Mithra, au breuvage de sang immortel du taureau, et dans les *dipinti* du Mithréum de Sainte Prisque cet *eternalis sanguis* [27] ne doit pas nécessairement être identifié, comme l'ont suggéré les Iranistes, avec l'*haoma* des textes avestiques, mais plutôt avec le *nectar*, boisson des dieux immortels eux-mêmes, jadis bu par les *gemini* Cautès et Cautopatès quand Mithra, par un autre miracle, le fit jaillir d'une *fons perennis* [28].

Si l'on suit les Iranistes, et si l'on tient compte des données de la littérature et de l'archéologie classiques, on peut constater que pour interpréter les monuments mithriaques il ne faut plus, comme autrefois, chercher à s'appuyer tout de suite sur le riche domaine des textes iraniens. Il est beaucoup plus normal de partir du monde gréco-romain, parce que c'est dans ce milieu que Mithra a commencé à conquérir l'Occident. Fritz Saxl [29] et après lui Ernest Will [30] ont démontré que les artistes eux aussi quand ils ont eu à créer une iconographie de la geste du dieu invincible ont puisé leurs thèmes dans le répertoire de l'art classique. Et aujourd'hui, les spécialistes de l'art chrétien sont unanimes pour admettre que les artistes qui ont eu à représenter les différents miracles accomplis par le fondateur de l'Église Nouvelle ont recouru précisément au même procédé [31].

---

avec l'inscription *Sebesius*, voir Margherita Guarducci, *Nuovi documenti del culto di Caelestis a Roma* dans *BCR* 72, 1946, 11-25. Pour d'autres relations entre Mithra et Sabazius, voir maintenant A. Ferrua, *Antiche iscrizioni inedite di Roma. Vigna Codini e Vibia* dans *BCR* LXXXII, 1970-1971, 71-95 (*cf.* *Epigraphica* 1967, 89 n° 120); A. Ferrua, *La scoperta e la pubblicazione della Catacomba di Vibia* dans *Archivio della Società romana di Storia Patria* XCIV, 1971, 235-265; A. Ferrua, *La catacomba di Vibia* dans *Riv. Arch. Crist.*, XLVII, 1971, 7-62.

[26] M. J. Vermaseren, *Mithra ce dieu mystérieux*, Bruxelles 1960, 95 s.
[27] Vermaseren-van Essen, *Exc. S. Prisca*, 217 ss line 14; Turcan, *Mithras platonicus*, 82 s. Voyez aussi *infra* p. 45 s.
[28] Vermaseren-van Essen, *Exc. S. Prisca*, 193 ss line 4; *CIMRM* II, n°s 1533; 1753; 1465 qui mentionnent la *fons perennis*.
[29] Fr. Saxl, *Mithras, typengeschichtliche Untersuchungen*, Berlin 1931.
[30] E. Will, *Le relief cultuel gréco-romain*, Paris 1955.
[31] Sur la question : A. Deman, *Mithras and Christ : some iconographical similarities* dans *Mithraic Studies* II, 507-517; voyez P. Testini, *Le catacombe e gli antichi cimiteri cristiani in Roma*, Bologna 1966; J. Daniélou, *Les symboles chrétiens primitifs*, Paris 1961, 7 ss.

Il vaut donc mieux renoncer aux théories de Stig Wikander [32] et de Le Roy Campbell [33]. Le livre de ce dernier surtout a le tort constant de vouloir retrouver partout la trace d'influences iraniennes qui sont, nous venons de le voir, si difficiles à prouver, et, à la limite, très invraisemblables. Il faut donc préférer, selon moi, les voies ouvertes par Reinhold Merkelbach [34], qui a cherché les origines du cycle annuel mithriaque chez Platon, et par Robert Turcan [35], qui a limité son étude à une période déterminée, et, par conséquent, à un aspect précis du Mithraïsme, à savoir les théories mithriaques du Néo-Platonisme. Pour rechercher ensuite l'origine et les phases successives du développement de ces mystères, il sera nécessaire de dater avec plus de précision les monuments et de les étudier dans leur milieu, afin de mieux comprendre leur environnement social et les caractéristiques du Mithraïsme selon les divers pays. Plusieurs de ces traits caractéristiques ont d'ailleurs déjà été observés par Franz Cumont lui-même et par Saxl, Will et surtout le Roy Campbell. Bien que le Mithraïsme en Occident présente tant de traits communs que l'on a pu supposer l'existence d'une église centrale qui fixait les normes de sa foi, il est devenu patent que cette religion se manifeste sous des formes différentes à Rome et dans les pays rhénans [36] et danubiens [37].

Revenant à notre monument (jadis dans la collection d'Ottaviano Zeno), nous pouvons donc dire que ce relief remarquable est un document du Mithraïsme éclairé de la Capitale. Cela est rendu évident par la présence des deux arbres et par celles du lion et du crabe.

---

[32] St. Wikander, *Études sur les mystères de Mithras* I, Lund 1950; *cf.* D. Schlumberger dans *Syria* 30, 1953, 325-330; G. Widengren, *Stand und Aufgaben der iranischen Religionsgeschichte*, Leiden 1955, 89 ss.; G. Widengren, *The Mithraic Mysteries in the Greco-Roman World with Special Regard to their Iranian background* dans *La Persia e il mondo greco-romano*, Roma 1966, 433-456.

[33] L. A. Campbell, *Mithraic Iconography and Ideology* (EPRO 11), Leiden 1968.

[34] R. Merkelbach, *Die Kosmogonie des Mithrasmysterien* dans *Eranos Jahrbuch* 34, 1965, 219-257.

[35] R. Turcan, *Mithras platonicus*, Leiden 1975.

[36] E. Schwertheim, *Die Denkmäler orientalischer Gottheiten im römischen Deutschland* (EPRO 40), Leiden 1974; M. J. Vermaseren, *Der Kult des Mithras im römischen Germanien*, Stuttgart 1974; idem, *Il culto di Mithra in Germania* dans *Atti dei Convegni Lincei* 23, Roma 1976, 135-144.

[37] I. Berciu-C. C. Petolescu, *Les cultes orientaux dans la Dacie méridionale* (EPRO 54), Leiden 1976.

Aldroandi[38] avait déjà dit que le travail artistique en était d'une qualité et d'une finesse remarquables. Toute son élégance est présente dans le haut-relief de Mithra lui-même; le héros oriental est la figure dominante de la scène centrale (Frontispice), mais le sculpteur a fait de Mithra un personnage juvénile au corps mince, dont la tunique légèrement plissée est serrée par une ceinture à laquelle est suspendu le fourreau du poignard. La tauroctonie miraculeuse est ainsi devenue une scène de théâtre: un toréador jeune et souple au moment de son triomphe sur l'animal puissant. Toutefois le taureau ne porte pas la large bande dont on paraît un animal de cirque ou de sacrifice et qui s'observe parfois aussi sur le corps du taureau mithriaque[39]. La queue de l'animal, maintenant perdue, se terminait en deux (Lafréri) ou en trois (jaspe) épis. Mithra regarde en arrière mais non dans la direction du soleil ou du corbeau qui devaient être représentés au-dessus et qui ne figurent plus sur notre bas-relief. On chercherait en vain un modèle de comparaison exact pour cette sculpture qui ressemble plutôt à une statue[40]. L'atelier d'où elle provient devait se trouver à Rome même et on est enclin à l'attribuer à la haute époque de la renaissance du temps d'Hadrien.

Mais quelle est l'explication religieuse de ce relief? Il semble que les gouttes du sang, lèché par le chien, et vers lequel le serpent lève la tête vont se muer en un large épi de blé. La mort du taureau produit le renouveau de la vie végétale et de ses fruits. Le chien porte un collier[41], il est donc le compagnon du dieu. Le même rôle est joué par le lion dans la peinture du Mithra chasseur de Doura[42] et de Neuenheim[43] où il accompagne le dieu en même temps que le serpent. Sur le relief du Célius il est couché seul par terre et lève les yeux vers son divin maître. Il n'y a qu'un autre relief à Rome[44] où l'on trouve

---

[38] *Supra* p. 2.
[39] Cumont, *MMM* I, 185 et 184 n. 8; quelques exemples: *CIMRM* I, n°s 374; 556; 690; 693.
[40] *Cf.* CIMRM I, n°s 352; 592.
[41] Cumont, *MMM* I, 191; quelques exemples: *CIMRM* I, n°s 350; 426; 584; 615 and index *s.v.* dog.
[42] *CIMRM* I, n° 52.
[43] *CIMRM* II, n° 1289 = Schwertheim, 187 n° 141, g.
[44] Voir *supra* p. 5 n. 11. On peut supposer que ce relief provient du même atelier et du même Mithréum, où fut trouvé le relief Zeno.

le lion près de la tauroctonie (Pl. X). Nous le retrouvons encore une fois sur le bas-relief de la villa Altiéri (Pl. IX), provenant lui aussi du Célius, comme nous l'avons vu [45]. Mais sur ce bas-relief, également unique dans le répertoire iconographique de Mithra, le dieu est debout sur le taureau et le lion se trouve sur le coin gauche près du buste du Soleil, sous un petit cyprès et un palmier. Le lion, comme symbole de l'élément du feu [46], semble donc associé ici au Soleil [47]. Il est plus difficile d'expliquer le rôle du serpent et du scorpion qui, sur ce bas-relief, s'avance vers les organes génitaux du taureau. Franz Cumont [48] a vu dans le serpent le symbole de la terre et dans le scorpion un animal mauvais envoyé par Ahriman pour corrompre le taureau primordial. Contre cette théorie on a proposé d'autres hypothèses venant après d'autres études fondamentales sur le serpent [49] et le scorpion [50] dans les civilisations orientales et gréco-romaines.

---

[45] Voir *supra* p. 5.
[46] Vermaseren-van Essen, *Exc. S. Prisca*, 224 ss.; Turcan, *Mithras platonicus*, 37. Sur le texte de Tertullien, *Adv. Marcionem* I, 13 : *aridae et ardentis naturae sacramenta leones Mithrae philosophantur* voir maintenant J. Pépin, *Mythe et Allégorie*, Paris 1976², 343 qui pour la signification spéciale de *sacramentum* = symbole renvoie à l'étude de C. Couturier, *« Sacramentum » et « Mysterium » dans l'œuvre de Saint Augustin*, dans H. Rondet e.a., *Études augustiniennes* (Théologie 28), Paris 1953, 161-332.
[47] *Cf.* CIMRM II, nº 2237.
[48] Cumont, *MMM* I, 190-192.
[49] E. Küster, *Die Schlange in der griechischen Kunst und Religion* (RGVV XIII, 2), Giessen 1913, 157 : «es ergibt sich, dass man in der griechischen Mythologie und Religion wohl von einem Grundcharakter der Schlange, den chtonischen, reden kann, dass es aber trotzdem nicht möglich ist, ein einheitliches, geschlossenes Bild von diesem Tier zu gewinnen»; E. Swoboda, *Die Schlange im Mithraskult* dans *JOAI* 30, 1937, 1-27; H. Leisegang, *The Mystery of the Serpent* dans *EranosJb.* 7, 1939 = *Pagan and Christian Mysteries* (ed. J. Campbell), New York 1955, 3-69; J. Coppens, *La connaissance du Bien et du Mal et le péché du Paradis*, Louvain 1948, 106 : «on peut conclure que, sous son aspect dominant, le serpent est l'attribut, le symbole, le substitut, le représentant de certains dieux chtoniens, dieux de la végétation, de l'abondance, de la vie. En outre, il est devenu parfois plus particulièrement le symbole de la force virile de reproduction et, à ce titre, il paraît avoir été associé à certaines déesses, et avoir été l'objet soit d'un culte spécial (à l'Erechtheion), soit de pratiques mystériques dans certaines religions à mystères». Le livre de Elpis Mitropoulou, *Deities and Heroes in the Form of Snakes*, Athènes 1977 n'offre rien de nouveau pour notre sujet.
[50] S. Eitrem, *Der Skorpion in Mythologie und Religionsgeschichte* dans *Symbolae Osloenses* 6, 1928, 53-81 qui renvoie (p. 79) à Lucien, *De dea Syria*, 29 où le scorpion a été mis en relation avec le phallus-émasculation; M. N. Tod, *The Scorpion in Graeco-Roman Egypt* dans *JEA* 26, 1939, 55-61; W. Deonna, *Mercure et le scorpion*, Bruxelles 1959; L. Aurigemma, *Le signe zodiacal du Scorpion dans les traditions occidentales de l'Antiquité gréco-latine à la Renaissance*, Paris 1976.

Les deux animaux peuvent avoir les significations les plus diverses. Il est particulièrement tentant de suivre le R.P. Jean Starcky dans son exposé de 1949 sur le dieu syrien Šadrafa [51] qui a des relations étroites avec le serpent et le scorpion, comme le prouvent les tessères. Après la monographie de E. Douglas van Buren [52] de 1937-1938 le Père Starcky [53] constate que «tout comme le serpent, le scorpion est une figure essentiellement bénéfique» et que «dans le ciel babylonien, le Scorpion voisenait avec le Serpent (Seru), qui correspond à notre constellation équatoriale de l'Hydre». Et le savant français poursuit: «sur les monuments de Mithra, le serpent et le scorpion peuvent s'expliquer de même façon. Le rôle (du scorpion) semble parallèle à celui du serpent: le scorpion absorbe la semence du taureau, parce qu'il est considéré comme le symbole de la génération. Les textes astrologiques de l'époque prouvent que cet antique symbolisme du scorpion subsistait toujours (Cumont, *MMM* I, 202, n. 2). La légende avestique, selon laquelle la semence du taureau primitif produisit les diverses espèces animales (Cumont, *MMM* I, 190), cadre bien avec notre hypothèse. Par ailleurs, nous ne prétendons pas que serpents et scorpions ne soient jamais considérés comme bêtes malfaisantes: ils le sont certainement sur les monuments égyptiens de basse époque, représentant Horus tenant dans chaque main des serpents, des scorpions, un lion (*cf.* l'Asklepios *Leontouchos*) et d'autres bêtes: Keith C. Steele, *Horus on the Crocodiles* dans *Journal of Near East Studies* VI, 1, janvier 1947, 43 ss.». Dans la «nouvelle» interprétation du lion, du serpent et du scorpion de M. John R. Hinnells (1975) il n'y a donc rien d'original [54]: il reprend les opinions du R. P. Jean Starcky sans le citer, il reprend Franz Cumont sans le citer. Mais il suffit de combattre Cumont et ceux qui l'ont suivi, dans leur ignorance!

Nous avons vu que le Père Starcky cite Cumont pour la signification astronomique du scorpion. Il est important de le citer [55] de

---

[51] J. Starcky, *Le dieu Šadrafa* dans *Syria* 26, 1949, 67-81.

[52] E. Douglas van Buren, *The Scorpion in Mesopotamian Art and Religion* dans *AOF* 12, 1937-1939, 1-28. *Cf.* Leroy A. Campbell, *Mithraic Iconography*, 25-28.

[53] Starcky, 76.

[54] J. R. Hinnells, *Reflections on the Bull-slaying Scene* dans *Mithraic Studies* II, 290-312 spécialement 293-300; idem, *The Iranian Background of Mithraic Iconography* dans *Commémoration Cyrus* I *Hommage universel*, Leiden 1974, 242-250.

[55] Cumont, *MMM* I, 202.

nouveau : «Il est probable, quoique aucun auteur ancien n'en dise rien, que les animaux qui entourent le taureau agonisant avaient été mis en relation avec les astérismes qu'ils représentaient pour les astronomes. Le scorpion, qui saisit les testicules de la victime, est le signe diamétralement opposé à celui du Taureau; celui-ci marque l'équinoxe du printemps, le premier, celui de l'automne tardif, où la force productrice de la nature semble s'énerver. De plus, suivant la melothésie zodiacale attribuée aux Chaldéens, les parties génitales sont placées sous l'influence spéciale du Scorpion. Le chien, qui bondit vers la blessure pour boire le sang qui s'en échappe, est la canicule dont les ardeurs brûlantes dessèchent la terre et font périr la végétation»... «toutes ces figures sidérales pouvaient rappeler la fécondité, que la chaleur de l'été amène sur la terre, mais il n'est pas possible de pénétrer le caractère ou fonction particulière que l'on assignait à chacune». Franz Cumont a donc bien reconnu le symbolisme astral que les Anciens avaient attribué à la tauroctonie et à quelques autres scènes de l'iconographie mithriaque, mais il l'a considéré comme ayant «une importance secondaire». Si nous insistons tant sur ce passage des écrits du savant belge, c'est pour qu'aucun de ceux qui, dans un proche avenir, voudraient donner une explication astrale de la scène de la tauroctonie, ne puisse prétendre être complètement indépendant de Franz Cumont: d'ailleurs, il y avait eu des prédécesseurs comme Zoega [56] et Stark [57], tous deux expressément nommés par Cumont.

Pour les conceptions astrales du Scorpion il cite comme témoins:

1. Sextus Empir., *Adv. Mathem.*, V, 21 ss (p. 731 *ed.* Bekker): Ἦσαν δέ τινες Χαλδαίων οἳ καὶ ἕκαστον μέρος τοῦ ἀνθρωπείου σώματος ἑκάστῳ τῶν ζῳδίων ἀναθέντες ὡς συμπαθοῦν· Κριὸν μὲν κεφαλὴν ὀνομάζουσι ... Σκορπίον αἰδοῖον καὶ μήτραν [58].
2. Manilius, *Astron.*, II, 452 : *scorpios inguine gaudet* [59].

---

[56] Zoega, *Abh.*, 129: «Der Skorpion, welcher die Zeugungstheile des Stiers fasst und hemmt, konnte sich auf das Thierzeichen beziehn, worin die Sonne anfängt die Kraft zu verlieren. Der Hund konnte Sirius sein und die Schlange die, welche den Pol umgibt. Noch wurde der Löwe hinzugefügt» etc.

[57] Stark, *Zwei Mithraeen*, 43; *Mithrassteine von Dormagen*, 19 (voyez *supra* n. 3).

[58] Sextus Empiricus, *Against the Philosophers* (*ed.* R. G. Bury) IV, London 1961, 331-333.

[59] P. 47 (*ed.* E. A. Housman, Canterbury 1937²); Hinnells dans *Mithraic Studies* II, 300 n. 70 ajoute IV, 707 (= p. 92 *ed.* E. A. Housman): *Scorpius inguine regnat*.

3. Firmicus Maternus, *Mathes.*, II, 24 (p. 73 *ed.* W. Kroll-F. Skutsch) : *natura in scorpione*. Le titre du chapitre est *de signis quibus partibus corporis sint attributa*[60].

Quand on lit bien le texte de Manilius II, 455 ss, on voit d'autre part que le Lion préside au flanc et au dos, que le domaine du Bélier est la tête, et celui du Cancer la poitrine. Grâce aux fouilles du Mithréum de Sainte Prisque, nous savons qu'en effet les Mithriastes aussi ont tenu le Bélier pour le premier des signes zodiacaux, et il se pourrait bien que l'on ait établi certaines connexions entre le Bélier et la tête, c'est-à-dire la tête de la communauté = le Père mithriaque. Mais contre cette hypothèse, que j'ai proposée jadis[61], parle le fait que le *Pater* est placé sous le signe de Saturne. Sur le bas-relief d'Ottaviano Zeno le lion, qui est représenté seul, se trouve près du flanc du taureau et le scorpion s'avance vers les parties génitales. Mais le crabe également se trouve près de ces parties qu'il serre dans ses pinces. Il n'est donc pas du tout certain que l'artiste de ce bas-relief ait voulu identifier ces animaux avec les signes du Zodiaque. Du moins, on peut conclure que les théories des astrologues n'ont pas été suivies à la lettre par l'artiste et par son dédicataire inconnu.

Le problème devient complètement différent quand on veut interpréter les deux arbres dans lesquels un Scorpion (à gauche) et une tête de Taureau (à droite) sont suspendus. Cette fois on peut être certain que l'artiste a voulu exprimer l'opposition de ces deux signes zodiacaux. Franz Cumont[62] l'avait déjà observé: «Suivant une division des saisons assez généralement acceptée chez les Romains, le printemps commençait le 7 Mai et l'automne le 7 Novembre, le soleil étant respectivement dans les signes du Taureau et du Scorpion[63]. Sur

---

[60] Non cité par Hinnells ni l'étude de A. Bouché-Leclercq, *L'astrologie grecque*, Paris 1899, 319 auquel Cumont renvoie.

[61] Vermaseren-van Essen, *Exc. S. Prisca*, 155; 213 ss line 13; H. D. Betz, *The Mithras Inscriptions of Santa Prisca and the New Testament* dans *Novum Testamentum* 10, 1968, 62-80; M. J. Vermaseren dans *Mededelingen Nederlands Instituut te Rome* 37, 1975, 93; idem, *Mithriaca* II. *The Mithraeum at Ponza* (EPRO 16), Leiden 1974, 27; R. Turcan, *Mithras platonicus* (EPRO 47), Leiden 1975, 55 n. 75; 85.

[62] *MMM* I, 211.

[63] *MMM* I, 211 n. 2 qui cite Varron, *RR.*, I, 28 (I, p. 116 et II, p. 78 *ed.* H. Keil, Leipzig 1884-1894); Columelle XI, 2 (p. 68s *ed.* E. S. Forster-E. H. Heffner, Cambridge (Mass.) 1968²); Florentinus dans les *Geoponica* I, 1, 3-5 (p. 5 *ed.* H. Beckh);

deux bas-reliefs italiens, les animaux astronomiques et les torches portées ailleurs par les deux adolescents, sont appliqués contre deux arbres. L'un tout couvert de fruits est sans doute l'image de la fécondité des beaux jours, l'autre, un conifère toujours verdoyant, celle de la période hibernale». Mais, selon Cumont, cette «interprétation reste douteuse car les fruits devraient garnir l'arbre portant la torche élevée»[64]; aussi il faut qu'il y ait une connection directe entre les arbres et les deux dadophores. Cette relation est en effet confirmée par un petit bas-relief, à Bologne[65], provenant peut-être aussi d'un atelier romain (Pls XXVI-XXVII). Le bas-relief montre le dieu tauroctone avec le chien, le serpent et le scorpion qui serre les testicules; la queue du taureau se termine en un long épi; près de Cautopatès tenant sa torche abaissée se trouve, à gauche, un arbre avec le scorpion, tandis que, devant le taureau, Cautès se tient debout près d'un arbre portant la tête d'un animal qu'on pourrait identifier avec celle d'un taureau. Les deux bas-reliefs offrent un symbolisme peu compliqué; la partie gauche avec les épis et les fruits représente le commencement de l'automne indiqué par le signe du scorpion; la partie centrale est l'acte salvateur de Mithra, cause de la génération; la partie droite montre l'arbre stérile de l'hiver au moment où commence le printemps, indiqué par le signe du Taureau. La partie droite annonce la tauroctonie et la partie gauche en fait voir les conséquences. Les deux dadophores accentuent cette répétition annuelle de la course du soleil et ils montrent l'alternance continue de la lumière et de l'obscurité, de la fertilité et de la stérilité. L'artiste du relief de Bologne a placé Cautopatès sous le buste du Soleil et Cautès sous la Lune; ainsi l'opposition entre lumière et ténèbres est encore mieux soulignée et cette disposition pourrait indiquer que le relief doit être lu «clockwise».

M. R. Beck, *A Note on the Scorpion in the Tauroctony* dans *Journal of Mithraic Studies* 1, 1976, 208-209 veut citer aussi Pline XVIII, 55 §200 = Bidez-Cumont, *Mages hell.* II, 226-227 mais «parmi les textes publiés, on ne trouve nulle part, semble-t-il, l'indication qu'il faut semer quand le soleil a dépassé le douzième degré du Scorpion, c'est-à-dire à la fin d'Octobre» ainsi l'avertissement de Bidez-Cumont! *Cf.* aussi *MMM* I, 127 pour la lune.

[64] *MMM* I, 211 n. 3; voyez les torches ajoutées sur la pierre du faussaire (Pl. XXV).
[65] *CIMRM* I, n° 693; Marie-Christine Budischovsky, *La diffusion des cultes isiaques autour de la Mer adriatique*, I, *Inscriptions et monuments* (EPRO 61), Leiden 1977, 62 et Pl. XLI, b.

Les positions et les attributs des dadophores varient[66] : cela prouve que leurs relations avec le Scorpion et le Taureau ne présentent qu'un aspect de leur symbolisme riche et varié. Deux gemmes presqu'identiques, conservées respectivement à Florence[67] et à Udine[68] représentent la tauroctonie (Pl. XXX) entourée de symboles divers, surtout astronomiques, (même le poignard et la harpê). Cette fois Cautopatès est placé avant le taureau mourant et sous le buste de la Lune; derrière lui on voit un objet recourbé qui pourrait être une branche morte. Le scorpion se trouve sous la queue du taureau et s'avance vers sa place ordinaire; il se trouve ainsi également près des pieds de Cautès qui semble présenter sur sa main levée un oiseau, peut-être un coq. Derrière Cautès on voit un grand rameau d'un palmier auquel une tête semble être attachée. Malheureusement on ne peut pas bien discerner si la tête est celle d'un taureau. En tout cas les deux gemmes semblent offrir une variante qui inverse la position des dadophores et des arbres telle qu'elle est sur le relief de Bologne.

Il est intéressant d'observer que les deux dadophores sont parfois associés directement au Scorpion et au Taureau. Nous pensons d'abord au relief curieux de la Collection Torlonia[69] trouvé *«prope rudera Turris Mesae»* et publié pour la première fois en 1705 par J. Vignoli[70] (Pls XXVIII-XXIX). Le monument, jusqu'ici connu seulement par de mauvaises reproductions, a une largeur de plus de deux mètres et doit provenir d'un atelier romain. Le bas-relief présente de nouveau quelques éléments caractéristiques et uniques. Au milieu se trouve une représentation de Mithra tauroctone, qui par la posture et le traitement des vêtements, a beaucoup de ressemblances avec le relief d'Ottaviano Zeno. La queue du taureau se termine en deux épis;

---

[66] Cumont, *MMM* I, 207 ss.; sur l'étymologie M. Schwartz, *Cautes and Cautopates, the Mithraic Torchbearers* dans *Mithraic Studies* II, 406-423; H. Schmeja, *Iranisches und Griechisches in den Mithrasmysterien* dans *Innsbrucker Beiträge zur Sprachwissenschaft, Vorträge* 13, 1975, 22. Voir aussi M. J. Vermaseren, *Cautes – Cautopates* dans le *Lexicon iconographicum mythologiae classicae* (annoncé dès 1974); J. R. Hinnells, *The Iconography of Cautes and Cautopates* dans *Journal M. Studies* I, 1976, 36-67.

[67] *CIMRM* II, n° 2354.

[68] *CIMRM* II, n° 2355; M. Buora, *Arte provinciale romana nel Friuli*, Friuli 1974, 76 n° 30 avec photographie.

[69] *MMM* II, 195 n° 8 et fig. 20; *CIMRM* I, n° 408.

[70] J. Vignoli, *De columna Imp. Antonini Pii dissertatio*, Roma 1705. Voir la photographie due à M. le Prof. Dr. Hellmut Sichtermann de l'Institut allemand à Rome.

le chien, le scorpion et le serpent sont présents. Derrière le taureau se trouve Cautès avec un scorpion près de ses pieds et, de l'autre côté du bas-relief, on voit Cautopatès et près de lui un bœuf paissant, remplaçant peut-être un taureau paissant, semblable à celui du relief de Neuenheim [71]. On observe donc, comme sur les deux gemmes (*supra*) que les deux signes du Scorpion et du Taureau (?) se trouvent à leur juste place, mais que l'ordre des dadophores a été inversé par rapport au relief de Bologne. On peut en conclure que les bas-reliefs ne sont pas aussi dogmatiques qu'on le suppose souvent; le relief de Torlonia montre quelques particularités comme Pégase au-dessus de la tête de Cautès et près du buste du Soleil; deux oiseaux, un serpent près de la tête de Cautopatès; témoignages suffisants d'une certaine liberté et d'une certaine indépendance dans les conceptions des pères mithriaques des communautés romaines. Le père de ce Mithréum, situé dans le centre de la Ville, était Lucius Domitius Marcellinus, dont une inscription est datée de 181 [72].

En dehors de Rome, nous ne retrouvons les deux dadophores mis en rapport avec les deux signes du Taureau et du Scorpion pour ainsi dire qu'en Dacie (Roumanie), mais, là comme à Rome, une certaine variété dans les représentations peut se rencontrer. Tout cela s'éclaire immédiatement quand on compare les deux bas-reliefs de Deva (provenant peut-être de Sarmizegetusa ou d'Apulum) et de Tirguşor. La tauroctonie de Deva [73] (Pl. XXXI, 1) montre, comme le bas-relief de Bologne, Cautopatès à gauche et Cautès à droite; dans leur main gauche ils tiennent respectivement un scorpion et une tête de taureau. Le bas-relief porte une inscription [74] qui mentionne, comme le relief de la collection Torlonia, des constructions faites par le dedicant dans le Mithréum. Dans le bas-relief de Tirguşor [75] (Pl. XXXII), par contre, Cautopatès est à droite, tenant le scorpion dans sa main droite, tandis que Cautès est représenté à gauche reposant son bras gauche

---

[71] *CIMRM* II, n° 1283; Schwertheim, 184-185 n° 141, a avec Pl. 40; M. J. Vermaseren, *Mithras in Germanien*, 62 et fig. 37. *Cf.* aussi *CIMRM* II, n° 2028.
[72] *CIMRM* I, n°s 409-410.
[73] *CIMRM* II, n° 2006.
[74] *CIMRM* II, n° 2007: *Io(vi) S(oli) invi(cto) / deo genitori / r(upe) n(ato). L. Aeli(us) Hylas (vicesimae) l(ibertus) pr(o) sa(lute) et Horientis fil(ii) sui et Apuleia(e) eius signum numinis cum absidata / ex voto pos(uit)*.
[75] *CIMRM* II, n° 2306; D. M. Pippidi, *Scythica Minora*, Amsterdam 1975, 295-297.

sur une colonne et tenant dans la main une pomme de pin. Mais deux statues provenant de Sarmizegetusa [76] (Pl. XXXIII) recourent au symbolisme le plus courant : Cautopatès tient le Scorpion, et Cautès le Taureau. Un autre bas-relief [77] encore, actuellement perdu (?) mais provenant de Transsylvanie, montre Cautès seul en relief tenant une tête de Taureau dans la main gauche (Pl. XXXIV, 1). La terre d'Apulum a livré deux statues [78] très endommagées (Pl. XXXV) représentant des dadophores dont l'un porte sans doute dans la main gauche une tête de Taureau. L'objet que tient l'autre a été considéré comme une tête de Taureau, mais par comparaison avec les statues de Sarmizegetusa, on est enclin à y voir un Scorpion. Ainsi les deux statues constitueraient un autre exemple de Cautès et Cautopatès combinés avec ces deux signes astraux. Il est plus difficile d'interpréter un autre bas-relief de la tauroctonie, provenant également d'Apulum [79], où Cautès figure à droite et porte dans sa main gauche un objet qu'on pourrait prendre pour une tête de Taureau ; il semble que Cautopatès, à gauche, porte aussi quelque chose qui serait alors un Scorpion [80]. Nous voyons donc que les représentations du Scorpion et de la tête du Taureau, généralement associées à Cautopatès et Cautès, ne se retrouvent qu'à Rome et en Dacie, et, dans cette province surtout à Sarmizegetusa et Apulum, les deux centres principaux [81]. Seule exception : on a trouvé récemment à Boppard [82], près de Bonn, la statue d'un dadophore, qu'on peut identifier maintenant sans risque comme un Cautès tenant dans sa main gauche la tête d'un taureau (Pl. XXXIV, 2), mais la statue est très apparentée à celle de Sarmizegetusa (Pl. XXXIII). La raison de cette fréquence particulière en Dacie nous échappe ; peut-être dépend-elle seulement de quelques pères mithriaques qui ont voulu mettre l'accent sur cette opposition des signes zodiacaux et des saisons, voulant ainsi souligner en outre

---

[76] *CIMRM* II, nos 2120-1 ; 2122-3.
[77] *CIMRM* II, no 2185.
[78] *CIMRM* II, nos 1956-7.
[79] *CIMRM* II, no 1973 (voir ici Pl. XXXI, 2).
[80] *Cf.* CIMRM II, nos 1935 ; 1983 (*caput bovis*).
[81] *Cf.* CIMRM I, no 761 : Cautopatès avec une tête de bélier dans la main gauche ; statuette en bronze provenant d'Italie ; *CIMRM* II, no 1473 montre le type de Cautès berger avec un bélier devant lui.
[82] Schwertheim, 56 no 51 avec Pl. 10.

l'acte fécondant de leur dieu. Mais il se peut aussi que ce thème, devenu si populaire, ait été inventé par quelqu'atelier local. Du moins, nous ne le trouvons en aucun autre pays, parce qu'à Rome les artistes l'ont exprimé par deux arbres (Ottaviano Zeno et Bologne) ou par les deux signes représentés aux pieds des dadophores (Torlonia). En tout cas, ces représentations mettent particulièrement en relief la tripartition du bas-relief mithriaque et du spéléum. Cela veut dire qu'en général on a accepté la tripartition selon laquelle Mithra lui-même préside le centre et le corridor central, Cautès la partie droite et favorable (comparez la *iunctio dextrarum*) — le commencement du printemps sous le signe du Taureau après l'hiver —, et Cautopatès la partie gauche (*sinister*, obscurité) — le commencement de l'automne dans le signe du Scorpion, saison des fruits après l'été et moment où les jours raccourcissent —. Ce symbolisme est confirmé par des représentations de Cautès là où commence le podium droit, et de Cautopatès sur le podium gauche [83]. Dans le Mithréum de l'Église Sainte Prisque, la niche contenant la statue de Cautès est peinte en orange, celle qui contenait la statue perdue de Cautopatès est d'une couleur bleu sombre [84]. Ce symbolisme est assez simple, il ne nécessite pas l'interprétation beaucoup plus compliquée des philosophes néo-platoniciens. Cette dernière est une explication de type philosophique qui pourrait bien avoir été cantonnée dans un certain milieu intellectuel. Il n'est pas nécessaire de supposer comme l'ont fait Le Roy Campbell [85], et naguère M. R. Gordon [86], que tous les pères mithriaques ont été des néo-platoniciens, ou qu'ils ont été influencés par ces théories philosophiques. Dans le mithraïsme on ne trouve pas de dogme philosophique; cette religion semble, d'après ce que révèlent les monuments, avoir été un système plus ou moins cohérent de symboles divers. Ce qui nous interdit de connaître la vraie religion mithriaque, c'est le fait que les textes conservés proviennent soit d'auteurs chrétiens, soit d'auteurs païens néo-platoniciens [87]. Mais quand on étudie les

---

[83] *Supra* p. 23 n. 56.
[84] Vermaseren-van Essen, *Exc. S. Prisca*, 133.
[85] L. A. Campbell, *Mithraic Iconography and Ideology* (EPRO 11), Leiden 1968.
[86] R. L. Gordon, *The Sacred Geography of a Mithraeum: the Example of Sette Sfere* dans *Journal of Mithraic Studies* 1, 1976, 119-165.
[87] Voir aussi L. Vidman, *Isis, Mithras und das Christentum* dans *Das Korpus der griechischen-christlichen Schriftsteller*, Berlin 1977, 237-242; 238 : «Und so erfährt man

textes des murs du Mithréum de Sainte Prisque, seuls documents originaux que nous possédons, avec les graffiti de Doura[88] et avec les inscriptions, on ne peut pas y retrouver l'influence néo-platonicienne; par contre, on y remarque plutôt un reflet des théories du Portique, un rapport étroit avec le récit mythique des exploits du grand Mithra, des relations avec le culte romain officiel et avec d'autres religions orientales comme celle de l'Égypte et de la Syrie, des influences de théories astronomiques et de théories sotériologiques peut-être en relation avec le christianisme. Le Néo-Platonisme est resté hors des murs même de ce Mithréum important de l'Aventin. Ce n'est pas que je veuille nier toute influence des interprétations néoplatoniciennes sur la religion mithriaque absolument et partout. Tout comme on a pu démontrer que l'influence de la religion iranienne, connue par les chants avestiques, est difficile à déceler dans ce que nous connaissons du mithraïsme occidental, de même, l'influence que le Néo-Platonisme a pu exercer sur ce mithraïsme est jusqu'à maintenant peu connue[89]. On peut s'attendre à la rencontrer à la rigueur à Rome et à Ostie, mais vouloir la découvrir un peu partout, c'est commettre la même erreur qu'ont commise tous ceux qui, précédemment, ont voulu expliquer le Mithraïsme occidental par les textes avestiques. Le grand mérite du livre de Robert Turcan[90] est d'avoir redéfini les théories néo-platoniciennes de Porphyre et de ses devanciers. Il reste maintenant à déterminer objectivement dans quel Mithréum et sur quel monument on en trouve la trace. Nous ne devons pas oublier que le néo-platonisme latin est à son apogée plus de deux siècles après la formation du Mithraïsme. Bon nombre d'idées générales, sur le symbolisme de la grotte cosmique par exemple, se trouvent chez

---

über den Mithraismus viel mehr aus inschriftlichen und vor allem archäologischen Quellen, aber auch so müssen wir konstatieren, dass wir über ihn doch weniger wissen als über den ägyptischen Kult und dass er früher und fast restlos verschwindet».

[88] *Supra* n. 8.

[89] Je me demande maintenant p.e. si l'influence éventuelle des théories néoplatoniciennes sur le Mithréum de Ponza n'est pas exagérée; nous ne devons pas oublier que cet humble sanctuaire a probablement appartenu à des navigateurs : M. J. Vermaseren, *Mithriaca* II. *The Mithraeum at Ponza* (EPRO 16), Leiden 1974; R. Beck, *Interpreting the Ponza Zodiac* dans *Journal of Mithraic Studies* 1, 1976, 1-19. Voir aussi : H. G. Gundel, *Imagines zodiaci. Zu neueren Funden und Forschungen* dans *Hommages à Maarten J. Vermaseren* I, Leiden 1978, 438-454.

[90] R. Turcan, *Mithras platonicus* (EPRO 47), Leiden 1975.

Porphyre mais aussi chez d'autres auteurs latins [91]. L'interprétation néo-platonicienne de la religion mithriaque est d'une finesse et d'une subtilité telles que tous les défenseurs du paganisme au IVe siècle ne l'ont pas toujours entièrement comprise [92]. Si donc les Mithraïstes, à l'exception de quelques *Patres*, ont subi l'influence de cette école philosophique, il est préférable de la rechercher dans des idées et des théories générales [93]. Le mithraïsme néo-platonicien semble s'être répandu dans les cercles philosophiques et littéraires plutôt que dans le culte pratiqué dans les temples souterrains.

* *

La présence du Scorpion et du Taureau comme signes astraux et opposés pourrait faire supposer que tous les animaux des représentations mithriaques devraient être interprétés comme des symboles astronomiques. Nous avons vu que Franz Cumont a rejeté cette interprétation qui, cependant, a été reprise par M. S. Insler [94] de l'Université de Yale dans une étude qu'il a bien voulu me communiquer et qu'il publiera bientôt. Il nous paraît bon de consacrer ici quelques mots à l'hypothèse de l'éminent orientaliste américain. M. S. Insler émet l'opinion que la représentation de Mithra tauroctone, pièce maîtresse de chaque grotte du culte mithriaque, serait dérivée de la constellation qui préside à la 2e moitié du mois d'Avril. La tauroctonie serait ainsi «the final death of winter, symbolized by the bull, and the approach of summer, symbolized by those constellations of spring and summer which participate in its death». M. S. Insler voit sa thèse corroboré par la division du Zodiaque en deux sections consacrées à l'été et à l'hiver et par les bas-reliefs d'Ottaviano Zeno et de Bologne sur lesquels les signes du Taureau et du Scorpion feraient fonction d'emblèmes de l'hiver et de l'été. L'hypothèse est très séduisante, mais nous venons de voir que, selon une règle à peu près générale, le Signe du Taureau

---

[91] Seneca, *Epist.*, 41, 3; Ovide, *Am.*, III, 1, 1 ss; Apulée, *Flor.*, 1; Pomponius Mela, *De chorographia* I, 72-75, textes cités par F. P. M. Francissen, *Numen inest in loco* dans *Hermeneus* 49, 1977, 247-275.

[92] J. Flamant, *Macrobe et le néoplatonisme latin à la fin du quatrième siècle* (EPRO 58), Leiden 1977, 672 ss.

[93] Sur cette koinè philosophique : A. J. Festugière, *La révélation d'Hermès Trismégiste* III, Paris 1953, 2 ss; Yvonne Vernière, *Symboles et Mythes dans la pensée de Plutarque*, Paris 1977, 31 ss.

[94] S. Insler, *A New Interpretation of the Bull-Slaying Motif* dans *Homm. Vermaseren* II, Leiden 1978, 519-538.

est mis en rapport avec Cautès et le Scorpion avec Cautopatès. Cela veut dire que le Taureau et sa mort sont bel et bien mis en relation avec la lumière nouvelle succédant à l'hiver, et annoncent donc le printemps et l'été, tandis que le Scorpion annonce la fin de l'été, le commencement de l'automne et de l'hiver. C'est de la même manière qu'on pourrait peut-être expliquer la répartition des signes zodiacaux et des planètes sur les bancs latéraux du Mitreo delle Sette Sfere à Ostie[95]. Au commencement des deux podia on voit à droite la figure de Cautès combinée avec les signes de l'automne et de l'hiver, et à gauche celle de Cautopatès combinée avec les signes du printemps et de l'été. Ainsi, on observe dans ce Mithréum deux oppositions: Cautès et Cautopatès se trouvent dans l'ordre inverse sur le bas-relief, ce qui pourrait faire penser à leurs jambes croisés; la Lune près du podium gauche est en opposition avec la Lune sur le bas-relief, mais d'autre part la Lune du bas-relief est en harmonie avec la représentation du Cautopatès en-dessous d'elle[96] et avec les signes de l'hiver du Zodiaque. Il n'en reste pas moins que, parmi toutes ces difficultés et ces incohérences, la tauroctonie figure aussi pour une grande part le cours annuel du Soleil invincible, assimilé à Mithra.

Il y a encore une observation qui ne plaide pas directement en faveur de la thèse du Prof. Insler, du moins après l'étude des représentations que nous venons de décrire ici. Il est difficile d'admettre que la situation réelle de la constellation que l'on pouvait observer dans le ciel en Avril, concorde avec la place de la tauroctonie. Le taureau

---

[95] Fr. Cumont, *Notes sur un temple mithriaque découvert à Ostie*, Gand 1891; G. Becatti, *Scavi di Ostia* II. *I Mitrei*, Roma 1954, 47 ss.; *CIMRM* I, 239; *supra* n. 86. Il est intéressant de lire Cumont, *MMM* I, 114: «Il est plus difficile de se rendre compte des principes dont s'est inspiré le mosaïste du mithréum d'Ostie. Les planètes n'y sont point rangées d'après la succession des jours, elles ne le sont pas non plus suivant leur distance de la terre, et leur suite n'est pas davantage celle usitée à Babylone. Comme les signes du zodiaque sont dessinés au-dessus d'elles sur la tablette des *podia*, il faut probablement chercher dans la position réciproque de ces étoiles quelque signification astrologique. Mais les signes auxquels les six planètes sont associées, ne sont ni ceux qu'on leur attribuait comme domiciles, ni ceux où l'on plaçait leur exaltation». L'opinion de Cumont sur le texte fameux de Porphyre: «l'explication, ajoutée par Porphyre, que Mithra a ainsi d'un côté au nord, l'hémisphère froid, de l'autre, au sud, l'hémisphère chaud, est une erreur si naïve, que ce ne peut guère être qu'une boutade malheureuse du philosophe» (*MMM* I, 201 n. 6; voyez maintenant R. Turcan, *Mithras platonicus*, 62-89).

[96] *Cf.* CIMRM I, n° 435 (Forum Boarium).

se trouve trop à droite; le corbeau ne se trouve pas à sa place habituelle, mais près du cratère (ce groupe n'existe pas à Rome [97]); l'Hydre et le Scorpion, et éventuellement l'Épi, dont la position pourrait s'expliquer aussi par l'astronomie, ont plus ou moins leurs places réelles sur les bas-reliefs; le crabe, que l'on ne trouve près des parties génitales que sur le relief d'Ottaviano Zeno, ne correspond pas du tout avec la position du Cancer dans le firmament; de même le Lion ne se trouve guère à sa place quand on compare sa position dans le ciel et sur les deux monuments de Rome [98] où on le voit. Et comment expliquer ceux des monuments sur lesquels certains signes, comme le Scorpion, le Taureau, le Serpent et le Corbeau, ont été représentés deux fois? Il est donc nécessaire de tenir compte chaque fois du contexte et de la situation différente, sans généraliser trop vite, répétons-le. Au fond, il n'est pas du tout impossible que certains mithraïstes aient considéré la tauroctonie comme la mise à mort du signe du Taureau par le Soleil au printemps, mais il reste difficile d'expliquer par ce symbolisme les autres animaux qui entourent le taureau mourant.

Il est hors de doute que, outre l'explication possible de la mort du Taureau par la mort du signe astral, il a existé une autre interprétation beaucoup plus riche de sens, et donc moins réaliste. Bien que n'étant pas du tout étrangers à l'astrologie, comme l'atteste le *graffito* [99] de la paroi gauche de la niche cultuelle, les frères de la communauté du premier Mithréum de Sainte Prisque ont pu lire sur le mur gauche de leur temple souterrain (ligne 14): *Et nos servasti eternali sanguine fuso* [100]. La signification profonde de ce vers n'a pas échappée à l'attention du savant éminent qu'est Marcel Simon [101]. «Deux points au moins sont ici indiscutables», écrit-il, «c'est à Mithra lui-même que s'adressent ces paroles; et le sang qu'elles mentionnent est celui du taureau cosmique primordial, dont l'immolation est

---

[97] A Rome il y a un seul monument de Mithra tauroctone, qui montre le cratère: *CIMRM* I, n° 530 (près de Cautès); pour d'autres représentations à Ostie et Rome: *CIMRM* I, index *s.v.* krater.
[98] *Supra* p. 33.
[99] Vermaseren-van Essen, *Exc. S. Prisca*, 118 ss.
[100] Idem, 217 ss.; Turcan, *Mithras platonicus*, 82.
[101] M. Simon, *Sur une formule liturgique mithriaque* dans *Revue d'Histoire et de Philosophie Religieuses* 1976, 277-288.

généralement représentée au centre de la décoration des chapelles mithriaques. On peut se demander en revanche, avec Le Roy A. Campbell, si le salut accordé doit s'entendre de la vie dans ce monde et donc dans le sens, souvent attesté pour *salus* et *servare*, de conservation, ou du passage à un monde supérieur, au sens de salut éternel. C'est la seconde interprétation qui me semble de beaucoup la plus plausible. Elle me paraît suggérée par ce que nous savons des croyances de la secte et, dans le cas présent, par cette épithète de *(a)eternalis* qui qualifie le sang salvique. Le sang du taureau immolé confère l'immortalité à ceux qui participent au repas sacré, rite essentiel de la liturgie». Nous avons eu l'occasion [102] d'observer que ces vers ont été peints sur les murs vers 202 et qu'ils ont été couverts par d'autres peintures et *dipinti* aux environs de l'année 220. Cela veut dire que les Mithraïstes des siècles postérieurs n'ont plus pu lire ces *dipinti* qui transmettent la doctrine fondamentale de la religion mithriaque. Ces vers ont donc été composés, à l'origine, vers 200-202 par un auteur que n'ont pas pu influencer les hymnes avestiques dont on n'a pas trouvée de traces. Ce point important affaiblit la thèse de Marcel Simon qui, se fondant sur des ressemblances entre la terminologie mithriaque du vers 14 et le rituel romain de la Messe, est tenté de conclure à une influence chrétienne sur le culte de Mithra. Ce qui, en soi, n'est pas exclu, mais qu'on peut difficilement démontrer si l'on constate que la sacramentaire romain de la Messe «apparaît fixé dans ses grandes lignes à la fin du IV⁰ siècle comme l'atteste le *De Sacramentis* de St. Ambroise [103]» et si l'on peut citer seulement comme témoignage principal le texte de Firmicus Maternus [104], écrivain chrétien également du IV⁰ siècle, qui explique l'épithète *immortalis* «dans la double perspective du Calvaire et du rite eucharistique [105]». Aussi j'ai l'impression que la tentative du savant français pour démontrer une influence du christianisme sur le mithraïsme dès les années 200, n'a pas encore entièrement réussi, si ce n'est que l'on peut citer des textes chrétiens antérieurs à la fondation du Mithréum sur l'Aventin Majeur.

---

[102] Vermaseren-van Essen, *Exc. S. Prisca*, 218.

[103] Simon, 280 n. 9 qui renvoie au livre de B. Botte-Christine Mohrmann, *L'ordinaire de la Messe*, Paris-Louvain 1953, 17 ss.; déjà L. Duchesne, *Origines du culte chrétien*, Paris 1898², 169.

[104] Firmicus Maternus, *De errore prof. rel.*, 21, 3 et 27, 8.

[105] Simon, 284. Voir aussi l'étude de Ladislav Vidman (*supra* n. 87).

Nous avons vu que le bas-relief central d'Ottaviano Zeno offrait déjà assez d'éléments intéressants pour que, après plus de quatre siècles, la découverte de ce monument original nous réjouisse encore. Mais le registre supérieur fait encore défaut, et il faut le chercher soit à Rome, soit à Paris. D'autre part, une comparaison de la partie centrale retrouvée du bas-relief avec les dessins que nous en possédons, montre que le dessin de Lafréri (Pl. XII) est assez exact pour nous permettre de tirer des conclusions plus assurées. Il est probable mais pas absolument certain que ce registre appartient à notre monument ; la tradition des dessinateurs, à l'exception du falsificateur de la jaspe de Caylus (Pl. XXV), lui donne une forme rectangulaire. En tout cas, ce registre est aussi important et unique que le bas-relief central, comme nous le verrons bientôt. On trouve parfois ces plaques rectangulaires et allongées servant de décoration à des couvercles de sarcophages [106] et «placés au-dessus de la scène terrestre figurée sur la curve, ils nous transportent dans les régions supérieures de l'univers (Pl. XXXVI, 1). Au milieu, se tiennent trois divinités, généralement celles de la triade capitoline : Jupiter, Junon et Minerve. A gauche, Phébus s'élève au-dessus de l'Océan étendu et est précédé d'un des Dioscures ; à droite, Sélène s'abaisse sur son bige ; devant elle, descend Hespéros, son flambeau renversée ; derrière elle, l'autre Dioscure la suit. Cette double association est d'un symbolisme transparent : le Soleil sortant des flots, monte sur l'horizon en même temps que l'hémisphère lumineux, tandis que la Lune descend au Couchant avec la moitié sombre du ciel». Franz Cumont [107] suppose que sur le sarcophage de Saint Laurent les trois dieux Olympiens peut-être sont remplacés par Pluton, Proserpine et une des Heures, mais sur le couvercle d'un sarcophage du Musée de Mantoue (Pl. XXXVI, 2) nous trouvons une composition analogue, à laquelle ont été ajoutés l'Océan couché et la Fortune tenant une corne d'abondance. A la même série appartiennent deux autres couvercles conservés au Vatican. Le premier [108] (Pl. XXXVII, 1) montre «Sol sur son quadrige, devant lui, l'Océan couché, Dioscure, Junon avec le paon, Jupiter avec l'aigle ;

---

[106] Fr. Cumont, *Recherches sur le symbolisme funéraire chez les Romains*, Paris 1942, 77 B et 78 avec fig. 8 et Pl. II, 2.
[107] Cumont, *Symb. fun.*, 80.
[108] Idem, 77 C.

Fortune tenant une corne d'abondance; reste du second Dioscure»; l'autre [109] (Pl. XXXVII, 2) représente «Sol avec Lucifer, Tellus couchée; à côté Caelus; au-dessus, un Dioscure; Minerve, Jupiter avec l'aigle, Junon avec le paon; la Fortune tenant une corne d'abondance et un gouvernail posé sur un globe». Toute une série de bas-reliefs, donc, qui doivent exprimer le symbolisme que celui du registre supérieur du relief mithriaque d'Ottaviano Zeno. «Ainsi», dit Franz Cumont [110], «nous pénétrons dans le monde d'idées, mi-physiques, mi-religieuses, où se mouvaient celui qui imagina et ceux qui modifièrent une composition destinée à être fréquemment reproduite. Entre l'Orient et l'Occident, au sommet des cieux, siège l'assemblée des dieux et les deux groupes qui l'accompagnent ont pour premier objet de situer la scène dans l'Olympe. Mais le sculpteur s'est manifestement souvenu du fronton du temple de Jupiter Capitolin, reconstruit par Domitien, où les chars de Sol et de Luna se mouvaient pareillement des deux côtés de la grande triade romaine, et en rappelant l'alternance constante du jour et de la nuit, devaient éveiller la pensée du pouvoir éternel des divinités tutélaires de l'État. Sur nos sarcophages, la révolution perpétuelle de la sphère céleste, représentée par ses deux moitiés opposées, exprimait plus complètement encore sous la figure des Dioscures, la conception de l'éternité divine, à laquelle participaient les âmes admises dans le séjour des bienheureux». Le même courant d'idées inspire la décoration de deux lampes (Pl. XXXVIII) provenant des ateliers romains et se trouvant dans les Musées du Capitolin [111] et de Berlin [112]. Les céramistes adaptent le thème à la forme ronde de la lampe : en bas on voit l'Océan couché, et un peu plus haut le quadrige du Soleil surgissant de l'eau, tandis que le bige de la Lune y descend. Dans la partie supérieure

---

[109] Idem, 77 D avec Pl. III, 2.
[110] Idem, 79-80.
[111] L. Mercando, *Lucerne greche e romane dell'Antiquarium comunale*, Roma 1962, 27 n° 19 avec Tav. VII, 4, qui interprète l'Océan plutôt comme «una divinità fluviale, probabilmente il Tevere».
[112] P. S. Bartolo-J. P. Bellori, *Lucernae veterum sepulchrales iconicae ex cavernis Romae subterraneis*, Coloniae Marchicae 1749, 4-5 n° 9; G. Heres, *Die römischen Bildlampen der Berliner Antikensammlung* (Schriften zur Geschichte und Kultur der Antike 3), Berlin 1972, 72 n° 440 Taf. 47 : datation 2e-3e siècle; J. J. V. M. Derksen, *Der orientalische Sonnengott auf einer Lampe aus Nord-Afrika* dans *Studien zur Religion und Kultur Kleinasiens (Festschrift F. K. Dörner)* (EPRO 66), Leiden 1978, 233-244 avec fig. 3.

de chaque côté un Triton s'élève comme un *bucinator* pour honorer la Triade Capitoline qui est assise sur un trône. Dans cette composition très artistique on observe de nouveau des emprunts mutuels entre les différentes sortes d'ateliers. Mais ce qu'il est important d'observer ici, c'est que ce thème de l'Éternité de la Triade Capitoline, exprimé pour la première fois sur le fronton du Capitole[113], est répété deux fois sur les monuments mithriaques trouvés près de l'église de Santa Maria in Domnica sur le Célius. On se souviendra (voyez *supra* p. 6) qu'à la même époque où fut découvert le bas-relief Magarozzi (= Zeno) la famille des Altieri faisait aussi des fouilles peut-être au même endroit. Les monuments trouvés à cette occasion furent répartis entre deux *villae* : M. Meli Altieri conservait dans son palais près de l'Église de S. Gesù le bas-relief représentant Mithra debout sur le taureau (Pl. IX) et un relief de Mithra tauroctone (Pl. X), tandis que Jérôme (Hieronymus Altieri) conservait les fragments de quatre autres bas-reliefs dans sa villa près de St. Jean de Latrans (Pls IV-VII). Ces derniers bas-reliefs sont perdus depuis le XVIIe siècle mais ils nous sont connus par des dessins de Giovanntonio Dosio[114] et de Pighius[115]. L'un des reliefs représente la Triade Capitoline, le second le quadrige du Soleil et le troisième le bige de la Lune : une combinaison, donc, qui maintenant n'étonne plus personne. Un quatrième bas-relief, enfin, représente Jupiter seul, debout sur une base circulaire : devant lui s'approche un dadophore (Cautès?) qui semble tenir sur sa main gauche un oiseau (coq?). Ces quatre bas-reliefs portent tous des inscriptions dédiées par M. Modius Agatho, qui doit avoir été un affranchi d'un certain Faustus. Les inscriptions[116] sont parfois fragmentaires, et si elles nous ont été bien transmises par les dessins, l'usage du latin montre clairement que le dédicant était oriental, puisqu'il réserve pour ses dieux la dénomination de son pays d'origine. Le bas-relief du Soleil est dédié à Mithra, *sanctus dominus invictus*; Jupiter est appelé *dominus sanctus maximus*

---

[113] A. Colini, *Indagini sui frontoni dei templi di Roma* dans *BCR* LI, 1923, 299-347 et Pl. II (Capitole de Domitien); P. Hommel, *Giebel und Himmel* dans *Ist. Mitt.*, 7, 1957, 1-55; spécialement 13 et Taf. 8, 2.
[114] *Supra* p. 5 n. 11.
[115] *Supra* p. 4 n. 7.
[116] *CIMRM* I, nos 328-331. Pour un L. Tullius Agatho : *CIMRM* I, n° 248.

salutaris et sur le relief de la Triade il est *optumus maximus Caelus aeternus Iupiter*. Nous voyons donc que Mithra et Jupiter peuvent porter des épithètes identiques et que le Jupiter romain comme un Ba'al syrien est identifié avec le Ciel éternel. M. Modius Agatho est *caelo devotus et astris*[117] et a dédié ses bas-reliefs en raison de sa profonde admiration pour la révolution éternelle des astres présidée par le Soleil qu'est Mithra.

Les mêmes conceptions inspirent le décoration du registre supérieur du bas-relief Zeno, car les sept autels flamboyants alternant avec six poignards peuvent difficilement s'expliquer autrement qu'en référence aux sept planètes, et les poignards sont sans doute un symbole du dieu invincible. Le *background* de cette combinaison de l'autel et du poignard doit être recherché dans la mort du taureau conçue comme un sacrifice. Le relief de Bologne (Pls XXVI-XXVII), qui est le plus apparenté au bas-relief Zeno, offre, sur le bord supérieur, les bustes des sept planètes; au centre se trouve Jupiter assimilé à Sérapis qui porte le *modius*. A Rome même nous ne connaissons qu'un autre bas-relief figurant les sept autels. Le monument provient de l'Esquilin, près de l'Église S. Lucia in Selce, et il est conservé aux Musées du Vatican[118]. L'allusion aux sept planètes est particulièrement soulignée: près de la tête de Mithra se trouvent sept étoiles; sous le serpent il y a sept autels flamboyants et au-dessus du bord de la grotte, entre les bustes du Soleil et de la Lune, sept arbres alternant avec six autels flamboyants. Il semble donc que les six autels[119] comme les six poignards du bas-relief Zeno, répondent simplement à une exigence de symétrie. La même alternance des arbres et des autels peut s'observer sur la peinture du Mithréum Barberini[120]. Mais l'alternance des autels et des poignards est exceptionnelle; il est possible que sur le bord supérieur d'un bas-relief trouvé à Apulum on ait aussi sept poignards alternant avec des arbres et des autels[121]. Nous connaissons déjà ce monument (*supra* p. 40) où on retrouve probablement aussi les dadophores portant les signes du Taureau et du Scorpion.

---

[117] *CIMRM* I, n° 406 (Rome).
[118] *CIMRM* I, n° 368.
[119] Cumont, *MMM* I, 115 n. 4 remarque que le coin gauche du relief a été restauré.
[120] *CIMRM* I, n° 390; *Mithriaca* III (EPRO 16), Leiden 1978. A Ostie on voit un seul autel (n° 299, 3) et un seul poignard (n° 239) dans les mosaïques du corridor central.
[121] *CIMRM* II, n° 1973.

Sur les monuments mithriaques, les représentations des chars du Soleil et de la Lune sont rares. On les rencontre sur le grand bas-relief Borghèse provenant du Capitole [122], qui est au Louvre, sur un bas-relief d'une collection privée d'Amsterdam [123] et sur un monument qui se trouve dans les collections du Vatican [124]. Sur ce dernier, Luna porte un croissant derrière ses épaules comme sur le bas-relief Zeno, mais son char est tiré par deux bœufs. Sur les deux autres bas-reliefs les chars de la Lune sont attelés par deux chevaux, mais il faut observer que les animaux du bas-relief du Capitole sont peut-être une fausse restauration. Ce relief montre entre le Soleil et la Lune trois arbres qui pourraient être une allusion à Mithra et aux deux dadophores. Sur ces trois monuments le char du Soleil se dirige vers la droite et s'élève, tandis que le bige de la Lune semble plonger dans l'Océan. Mais sur le bas-relief Zeno on voit le quadrige du Soleil de profil et les chevaux se cabrent [125], le dieu porte une tunique et un petit manteau qui flotte au vent derrière ses épaules, sa tête est entourée de douze rayons. Sur les monnaies, on trouve les quadriges du Soleil allant vers la droite (déjà sur un denaire de la gens Manlia, environ 135 av. J.C. [126]) et ce type, dérivé de l'art classique grec, devient de plus en plus populaire à partir d'Hadrien [127]. Mais le type du quadrige de profil commence à apparaître sous Septime Sévère pour arriver à son apogée sous Aurélien et au IVe siècle [128]. Sur les lampes, on observe une évolution semblable; on peut y distinguer les deux types du Soleil, nu et vêtu; ces types datent, selon M. J. J. V. M. Derksen [129], de la fin du second siècle. Ainsi on pourrait

---

[122] *CIMRM* I, n° 415.

[123] M. J. Vermaseren, *Two Unknown Mithraic Reliefs* dans *Hommages à Marcel Renard* III, Bruxelles 1969, 643-647.

[124] *CIMRM* I, n° 554 : l'origine romaine n'est pas absolument certaine. Voir aussi *CIMRM* I, n° 532 = Raïssa Calza (*ed*), *Antichità di Villa Doria Pamphilj*, Roma 1977, 114 s n° 136.

[125] *Cf.* Verg., *Aen.*, XII, 114 s. : *Cum primum alto de gurgite tollunt*
    Solis equi lucemque elatis naribus efflant.

[126] Roscher, *Myth. Lex.*, s.v. Sol *col.* 1139.

[127] Mattingly-Sydenham, *RIC* II, 360. *Cf.* aussi K. Schauenburg, *Helios. Archäologisch-mythologische Studien über den antiken Sonnengott*, Berlin 1955.

[128] Roscher *s.v.* Sol *col.* 1151 fig. 4; H. Mattingly, *Roman Coins*, London 1960², Pl. LIX, 3; P. Zazoff, *Antike Gemmen*, Kassel 1969, Pl. 19.

[129] *Supra* n. 112.

attribuer au Soleil de notre bas-relief une date plus récente, celle proposée pour la partie centrale.

La ressemblance entre les thèmes du registre supérieur du bas-relief Zeno et ceux des bas-reliefs dédiés par M. Modius Agatho permet de supposer que les fouilles des familles Magarozzi et Altieri appartiennent en effet à un même Mithréum, bien que les bas-reliefs d'Altieri soient certainement d'une date postérieure. Cette impression est corroborée par l'assimilation de Jupiter avec le Caelus aeternus dans l'inscription du bas-relief de la Triade Capitoline. Sur le registre du bas-relief Zeno on voit au centre un personnage masculin debout, tenant un long sceptre dans la main gauche, avec deux ailes, et entouré quatre fois par un serpent. A gauche se tient un personnage semblable mais sans ailes et sans sceptre. Quelle est leur signification? Zoega [130] a vu dans ces deux figures énigmatiques le dieu du Temps et son fils Aion; le dernier a des ailes, et le premier n'en a pas. Tous les deux n'ont pas une tête de lion mais un visage humain; ils sont nus et leur sexe n'est pas indiqué. Depuis Zoega on a reculé devant cette crux mithriaque. En tout cas il semble certain que l'artiste a voulu représenter deux figures différentes du même dieu, en qui [131] nous sommes habitués à voir le dieu du Temps éternel. La personnalité de cette divinité est, comme nous l'avons montré par ailleurs, très complexe [132]. Elle doit être mise en rapport avec la Syrie et l'Égypte, avec Saturne, Sérapis, Phanès, Pluton et Kronos, Caelus et Océanus. Nous n'avons donc pas besoin de reprendre ici la documentation complète de tous les monuments qui représentent le dieu tantôt juvénile, tantôt plus vieux, tantôt monstrueux, tantôt gracieux. Mais la position que cette figure occupe entre les planètes ou entre les signes du Zodiaque, et le fait que son corps est généralement entouré par un serpent et décoré de signes du Zodiaque prouvent assez qu'il est en relation avec le cours des astres et donc avec le temps. Sa position semble indiquer qu'il domine les autres planètes ou les signes zodiacaux. Ainsi sur le bord

---

[130] Zoega, *Abh.*, 186 ss.; il cite Proclus, *ad Tim.*, IV, p. 246; 247; 251 pour démontrer « sie bestimmten das Verhältniss zwischen chronos und aioon wie zwischen psyche und nous».

[131] Il est à noter que dans le Mithréum Fagan à Ostie se trouvaient deux statues de ce même dieu mais toutes les deux sont munies d'ailes et d'une tête de lion (*CIMRM* I, n⁰ˢ 312 et 314).

[132] M. J. Vermaseren, *A Magical Time God* dans *Mithraic Studies* II, 446-456.

supérieur du bas-relief de Bologne (Pls XXVI-XXVII), le signe de Iupiter est le signe principal, identifié avec Sérapis qui, à son tour, a des relations étroites avec la fertilité et le monde souterrain. Sur la peinture du Mithréum Barberini[133] il a l'apparence du léontocéphale monstrueux mais aptère, debout sur un globe, et tenant le sceptre de la main gauche. Sur le bas-relief de Zeno il est également le souverain qui règne sur les sept planètes mais n'en fait pas partie lui-même comme sur le relief de Bologne. Aussi on serait tenté d'interpréter ce personnage central comme étant l'Éternité, soit le *Caelus aeternus* mis à la place de Iupiter. L'autre figure, à gauche, serait alors la figure qui ne regne plus, Saturne. En faveur de cette interprétation parle le fait que les planètes, sur les monuments mithriaques, sont ordonnées de droite à gauche[134]; même sur le bas-relief de Bologne, Saturne se trouve près du Soleil, et c'est ordre que l'on retrouve dans les sept grades mithriaques. Mais contre cette hypothèse on peut invoquer le fait que cette figure n'a pas d'ailes alors que la figure centrale en possède. On peut en conclure que l'interprétation de Zoega n'était pas trop mauvaise, bien qu'elle ne soit pas (entièrement?) satisfaisante.

* * *

On peut donc être certain que le Célius possédait au moins deux temples mithriaques: un près ou devant l'Église de Santa Maria in Domnica et un autre sous la Basilique de S. Stefano Rotondo. Ce dernier semble avoir été destiné aux soldats des *castra peregrina*, le premier surtout à des adeptes civils. L'existence d'un troisième temple dont les monuments seraient devenus la possession de la famille des Giustiniani reste incertaine. Une fois encore on peut constater que chacun des deux temples, bien qu'ils soient tout proches l'un de l'autre, présente des traits caractéristiques et particuliers. Et l'on peut supposer que ce particularisme relatif a peut-être été précisément l'un des plus grands attraits du culte mithriaque.

---

[133] *Supra* n. 120.
[134] Cumont, *MMM* I, 114.

ADDENDA

p. 19 : Dans une lettre ultérieure (4.7.1978) Mademoiselle H. Sarian m'écrit que la tête du chevreau serait plutôt celle d'un veau. Cela pourrait indiquer que le jeune taureau représente le signe du nouveau Taureau.

p. 45 : Pendant la correction des épreuves on a publié deux autres monuments mithriaques qui montrent le scorpion pas sur la place normale :

1) Un fragment d'une statue provenant probablement de Rome ou d'un atelier romain et maintenant à Malibu : Al. N. Oikonomides, *A New Mithraic Tauroctony* dans *The J. Paul Getty Museum Journal* 5, 1977, 85-90 avec Planches.

2) Un bas-relief provenant peut-être de Carnuntum et actuellement dans le Musée archéologique de Cracovie : R. Noll, *Ein unbekanntes Mithrasrelief und andere Funde aus «Carnuntum» in Krakau* dans *Anzeiger der phil.-hist. Klasse der Oesterreichischen Akademie der Wissenschaften* 114, 1977 (Nr 13), 289-294 avec fig. 3.

INDEX

Abraxas 11
Aegius, B. 3
aeternus 50
Agatho, M. Modius 5, 49, 50, 52
Ahriman 33
Ahura-Mazda 29
aigle 47, 48
aile 17, 52, 53
Aion 17, 52
Aldroandi, Ugo 1, 2, 7, 9, 10, 21, 32
Altieri, famille des 49, 51
Altieri, Girolamo 3, 6, 49
Altieri, Meli 3, 4, 49
Ambroise, St. 46
âme 48
Antistianus, Flavius 6
Apollodore, Bibliothèque d' 3
Apulum 39, 40, 50
arbre 9, 19, 21, 22, 24, 36, 37, 50, 51
archer 22
Arsameia 28
Asie Mineure 27, 29
astérisme 35
astres 52
astrologie 45
astrologues 36
astronomes 35
astronomie 45
astronomique 42
atelier 41, 54
Augustinus, Leonardus 10
Aurélien 51
autel 9, 17, 22, 50
automne 35, 36, 37, 41, 44
Aventin 24, 42
Avesta 27
avestique 30
Avril 43, 44

Ba'al 50
banc 44
bande 32
base 49

Basilique :
  St. Jean de Latrans 49
  Saint Laurent 47
  Sainte Prisque 21
  S. Stefano Rotondo 53
  voir aussi : Église
bas-relief 54
Bassus, Domitius 6
Beger, L. 10
Bélier 36
bélier 21
Berlin 48
Besançon 7
Bezzi, Guido 18
bige 5, 9, 17, 47, 48, 49, 51
blé 31
blessure 19
bleu 41
bœuf 39, 51
Bologne 37, 39, 41, 43, 50, 52, 53
Bonn 40
bonnet phrygien 19, 21
Boppard 40
Borghèse 51
branche 38
Brésil 18
bucinator 49
Buffalini, Leonardo 2
Buren, E. Douglas van 34

Caelus 48, 50, 52
Caelus aeternus 52, 53
Calvaire 46
Camerarius, J. 10
Campbell, LeRoy A. 31, 41, 45
Cancer 36, 45
canicule 35
Canterburry, Duc de 12
Capaccius 10
Capitole 49, 51
Carnuntum 54
Carrare 18
Cartari, V. 10

Carvini, Cardinal 7
castra peregrina 3, 7, 53
Cautès 6, 9, 30, 37, 38, 39, 40, 41, 44, 49
Cautopatès 9, 30, 37, 38, 39, 40, 41, 44
Caylus, Comte de 22, 47
ceinture 20, 21
ceinturon 19
Célius 2, 3, 5, 6, 32, 33, 49, 53
centurion 6
Chaldéens 35
char 17, 23, 51
chevaux 17, 51
cheville 19
chevreau 19, 20, 54
chien 19, 21, 25, 32, 35, 37, 39
Chiffletius, Joannes 10
christianisme 42
Chrônos 17
ciel 34
Cilicie 27
cirque 32
Clément 13
cohors V Vigilum 6
Colini, Antonio M. 3, 6, 7
Collection :
 privé d'Amsterdam 51
 Borghèse 13
 Torlonia 38, 39
 voir aussi : Musée
collier 32
Commagène 28
commandant 6
communauté 45
constellation 44
coq 38, 49
Corbeau 45
corbeau 20, 21, 22, 23, 24, 32, 45
corne d'abondance 47, 48
cornes 21
Corso Vittorio Emmanuele 4
cou 19
couteaux 17
couvercle 47
crabe 9, 10, 12, 20, 21, 22, 24, 31, 36, 45
cratère 45
croissant 17
Cumont, Fr. 12, 17, 22, 23, 25, 26, 29, 31, 33, 34, 35, 36, 37, 43, 48
Cuperus, Gisbertus 10

Cybèle 27
cyprès 21, 33

Dacie 39, 40
dadophores 3, 9, 17, 21, 22, 23, 37, 38, 39, 40, 41, 49, 51
Dale, A. van 11
De Clarac, F. 18
De Montfaucon, Bernard 12, 17
Derksen, J.J.V.M. 51
Deva 39
devotus, caelo et astris 50
Dionysos 29, 30
Dioscures 47, 48
dipinti 30, 46
dominus, sanctus invictus 49
dominus, sanctus maximus salutaris 49, 50
Domitien 48
Dörner, Friedrich Karl 28
Dosio, Giovanntonio 49
Doura(-Europos) 27, 32, 42
Douza 8
Drummond, W. 12
Du Pérac, Stefano 2
Dupuis, C. 12

eau 23, 48
écrevisse 17
édicule 6
Église :
 San Gesù 4, 49
 S. Lucia in Selce 50
 Santa Maria in Domnica 5, 49, 53
 Sainte Prisque 24, 28, 29, 41
 S. Stefano Rotondo 2, 3
 Saint Thomas 5, 6
 voir aussi : Basilique
Égypte 27, 42, 52
Eichhorn, Joh. Godofredus 12, 13, 16
Empiricus, Sextus 35
Éon 17
épée 19
Épi 45
épi 16, 31 (de blé), 37, 38
équinoxe 35
Esquilin 50
été 35, 41, 43, 44
Éternité 49, 53
éternité 48

INDEX

étoiles 22, 23, 24, 50 (sept)
eucharistique 46

Faustus 49
Ferrutius, Hieronymus 10
fertilité 37, 53
Ferveci 10
feu 17, 33
firmament 45
flambeau 17, 20, 22
Florence 38
fons perennis 30
Fortune 47, 48
Forum de Nerva 1
fourreau 9, 32
frères 45
Frioule 10
Froehner, W. 17
fronton 49
fruits 21, 32, 37, 41
frumentarii 6

gemini 30
gemme 38, 39
génération 34, 37
genius 6
gens Manlia 51
Gershevitsch, Ilja 26
Giustiniani, famille des 53
glaive 9, 29
globe 48
Gordien 27
Gordon, R. 41
Gorgone 29
Gori 6
Göttingen 12
gouvernail 48
grade 29, 53 (mithriaque)
grades d'initiations 17
graffito 42, 45
gravure 8, 9, 10, 19, 20, 21
Grèce 27
grotte 23, 42, 43, 50

Hadrien 32, 51
Hammer, J. von 15, 16
haoma 30
harpê 38
Hellénisme 29

hémisphère 47
Hermadion, L. Flavius 6
Hérodote 11
Hespéros 47
Heures 47
hexagonale 18
Hinnells, John R. 34
hiver 37, 41, 43, 44
homme ailé 17
horizon 47
Horus 34
Hyde, Thomas 10, 11
Hydre 34, 45
hymnes 21

immolation 45
immortalis 46
immortalité 46
Inde 27
Indiens 17
initiation 29
inscription 5, 6, 39, 49
Insler, S. 43, 44
intaille 23, 24
Iran 27, 28, 29
Isis 27, 29
Italie 27
iunctio dextrarum 41
Iupiter 50, 52, 53
  voir aussi : Jupiter
iuvencus 21

jaspe 32, 47
Jérôme 13
Jongkees, J. H. 7, 8
Junon 47, 48
Jupiter 5, 47, 48, 49, 50, 52
Jupiter Capitolin 48
  voir aussi : Iupiter

Kronos 52

Lafrérie, Antonio 7, 8, 9, 16, 20, 22, 23, 32, 47
Lajard, F. 16
lampe 48
Lanciani, R. 6
Latran 4
léontocéphale 53

Lion   29, 36, 45
lion   9, 10, 19, 20, 22, 31, 32, 33, 34, 36, 52
Lissi Caronna, Lisa   2
liturgie   46
Louvre   18, 29, 51
Lucifer   48
lumière   37
Lune   5, 9, 17, 21, 23, 25, 37, 38, 44, 48, 49, 50, 51
lune   29

Macarius, Joannes   10
Magarozzi, Ascanio   1, 2, 3, 6, 7, 18, 23, 24, 25, 49
Magarozzi, famille des   52
mages orientaux   12
Malibu   54
Manilius   35, 36
manteau   19, 20
Marcellinus, Lucius Domitius   39
Marliani, B.   10
Maternus, Firmicus   36, 46
Mauro, Lucio   1
Merkelbach, Reinhold   31
Messe   46
Minerve   47, 48
Mithra   3, 5, 8, 9, 10, 11, 12, 13, 15, 19, 20, 21, 25, 27, 28, 29, 30, 32, 33, 37, 41, 42, 44, 46, 49, 50, 51
   Mithra archer   23, 24
   Mithra chasseur   32
   Mithra debout   5
   Mithra debout sur le taureau   49
   Mithra tauroctone   5, 9, 20, 23, 26, 38, 49
      voir aussi : tauroctonie
mithraïsme   31, 41, 42
Mithréum   3, 6, 7, 23, 29, 44, 52
   Mithréum Barberini   50, 53
   Mithréum de Marino   21
   Mithréum de Sainte Prisque   27, 30, 36, 41, 42, 45
   Mithréum delle Sette Sfere   44
modius   50
monnaie   27, 51
Morillon, Antonius   7
Müller, N.   15
Musée :
   de Berlin   48

du Capitolin   48
de Cracovie   54
à Florence   38
du Louvre   18, 29, 51
de Mantoue   47
de São Paulo   18
à Udine   38
du Vatican   47, 50, 51
   voir aussi : Collection
mystères   27, 28, 30
mystes   29

nama   29
Navicella   7
nectar   30
Nemrud-Dag   28
néo-platonicien(s)   41, 42, 43
Néo-Platonisme   31, 42
Néron   28
Neuenheim   32, 39
niche   41, 45
Noll, R.   54

obscurité   37
Occident   48
Océan   47, 48, 51
Océanus   52
Oikonomides, Al. N.   54
oiseau   38, 39, 49
Olympe   48
Olympien   47
Orgalet   7
organes génitaux   19, 20, 21, 24, 33
   voir aussi : parties génitales
Orient   29, 48
Oronte   29
Ostie   42, 44
Oxford   10

paganisme   43
Palazzo Altieri   5
palmier   33, 38
Pan   18
paon   47, 48
Paris   22, 47
parties génitales   35, 36, 45
   voir aussi : organes génitaux
Pater   36, 43
   voir aussi : père
Pégase   39

pehlvis 29
père 36, 39, 41
   voir aussi : *Pater*
peregrini 6
Persans 17
Perse 29
Persée 29
Phanès 52
Phébus 47
Phosphoros 17
Piazza Navicella 3
Pighius Campensis, Stephanus Winandus 4, 7, 8, 23, 49
Pignorius, L. 10
pinces 36
pirates de Cilicie 27
planète 17, 44, 50, 52, 53
Platon 28, 31
Plutarque 27
Pluton 47, 52
podium 44
poignard 21, 32, 38, 50
pomme de pin 40
Pompée 27
Porphyre 42, 43
praesepia 23
prêtre 28
printemps 35, 36, 37, 44, 45
Proserpine 47

quadrige 5, 9, 17, 22, 23, 48, 49, 51
queue 37, 38

rameau 38
rayon 51
repas sacré 46
rocher 22, 23
Rome 31, 32, 39, 40, 41, 42, 47, 50, 54
Rose, H.J. 28
Roumanie 39
Rufinus, L. Arrius 5

Sabazius 29
sacrifice 32, 50
Šadrafa 34
salus 46
salut 46
sang 30, 32, 35, 45, 46
São Paulo 18, 19, 20
Saoshyant 29

sarcophage 47, 48
Sarian, Haiganuch 18, 54
Sarmizegetusa 39, 40
Saturne 36, 52, 53
sauveur 29
Saxl, Fritz 30, 31
sceptre 17, 52, 53
Scorpion 35, 36, 38, 39, 40, 41, 43, 44, 45, 50
scorpion 9, 12, 19, 20, 21, 22, 24, 25, 33, 34, 35, 36, 37, 38, 39, 54
Sebesius 29
Seel, H. 15
Sélène 47
semence 34
Sérapis 29, 50, 52
Serpent 45
serpent 9, 17, 19, 20, 21, 22, 24, 32, 33, 34, 37, 39, 50, 52
Seru 34
servare 46
Sévère, Septime 51
signes zodiacaux 21, 44
   voir aussi : Zodiaque
Simon, Marcel 45
sinister 41
Smetius, Johannes 7
Sol 22, 48
Sol invictus 5
Soleil 5, 9, 11, 13, 17, 21, 23, 25, 33, 37, 39, 44, 45, 47, 48, 49, 50, 51, 53
soleil 12, 32, 36, 37
sotériologique 42
spéléum 3, 5, 29, 41
sphère 48
Starcky, Jean 34
Stark, K. B. 35
statue, fragment d'une 54
stérilité 37
symbole 41
symbolisme 41, 42
Syrie 27, 28, 42, 52

tabula ansata 8
Tarse 27
Taureau 12, 25, 35, 36, 37, 38, 39, 40, 41, 43, 44, 45, 50, 54
taureau 5, 9, 12, 16, 17, 19, 20, 21, 24, 25, 30, 32, 33, 34, 36, 37, 38, 39, 44, 46, 50, 54

tauroctonie 23, 24, 37, 38, 40, 43, 44, 45
   voir aussi : Mithra tauroctone
Tellus 48
Temps 52
ténèbres 37
terre 33
tessères 34
testicules 35, 37
tête 36, 38
théâtre de Pompée 16
Tibre 16, 29
Tirguşor 39
Tiridate d'Arménie 28
torche 19, 20, 21, 22, 37
toréador 32
Torlonia 39, 41
Torre de' Conti 1
Transsylvanie 40
Triade Capitoline 5, 47, 49, 50, 52
Triton 49
trône 49
tunique 19, 21
Turcan, Robert 31, 42
Turre, Philippe a' 9, 10, 11

Udine 38
univers 47

Vatican 47, 50, 51
veau 54
Vèdes 27
végétation 35
Vénus 11
Vénus Ourania 23
Via Cavour 1
Vignoli, J. 38
Villa Altieri 33
Villa Borghèse 18, 29
Villa Giustiniani 6
vin 30

Wikander, Stigg 31
Will, Ernest 30, 31

Yale 43

Zodiaque 36, 43, 52
   voir aussi : signes zodiacaux
Zoega, G. 15, 16, 23, 35, 52, 53
Zeno, Ottaviano 7, 10, 11, 13, 16, 18, 19, 21, 24, 25, 31, 36, 38, 41, 43, 45, 47, 48, 49, 50, 51, 52, 53

TABLE DES PLANCHES

Frontispice	Relief mithriaque de Rome, actuellement au Musée d'archéologie et d'ethnologie de l'Université de S. Paolo. Photographie : Iolanda Huzak.
I	Topographie du Célius. Dessin par Stefano Dupérac, détail. Photographie après Colini, Celio, 4 fig. 1.
II	Topographie du Célius en 1562. Photographie après Colini, Celio, p. XIX.
III	Topographie actuelle du Célius avec les Églises de St. Stefano Rotondo et S. Maria in Domnica. Photographie après Krautheimer, Corpus Basilicarum IV, fig. 157.
IV	Monument actuellement perdu et provenant du Célius. Dessin conservé dans le Codex Pighianus à Berlin, Staatsbibliothek Preussischer Kulturbesitz. Ms. lat. 61, Folio 9^r. Photographie avec la permission de la Staatsbibliothek Preussischer Kulturbesitz à Berlin.
V	Monument actuellement perdu et provenant du Célius, mais conservé par un dessin de Dosio à Florence, Biblioteca Marucelliana (volume C delle stampe Folio 150^v n° A). Photographie : Dr. G. B. Pineider, avec la permission de Madame Dr. M. Linzoni et Dr. Bruno Nutti.
VI	Monument actuellement perdu mais conservé par un dessin de Pighius à Berlin, Staatsbibliothek Preussischer Kulturbesitz, Ms. lat. 61, Folio 9^r. Photographie avec la permission de la Staatsbibliothek Preussischer Kulturbesitz à Berlin.
VII	Monument actuellement perdu mais conservé par un dessin de Dosio à Florence, Biblioteca Marucelliana (volume C delle stampe Folio 148^v). Photographie : Dr. G. B. Pineider, avec la permis-

	sion de Madame Dr. M. Linzoni et Dr. Bruno Nutti.
VIII	Monument actuellement perdu mais conservé par un dessin de Dosio à Florence, Biblioteca Marucelliana (volume C delle stampe Folio 150^v n° B). Photographie : Dr. G. B. Pineider, avec la permission de Madame Dr. M. Linzoni et Dr. Bruno Nutti.
IX	Monument jadis dans la possession de la famille Altieri (*CIMRM* I, n° 334).
X	Monument jadis dans la possession de la famille Altieri; actuellement perdu mais conservé par un dessin de Pighius à Berlin, Staatsbibliothek Preussischer Kulturbesitz, Ms. lat. 61, Folio 27^r. Photographie avec la permission de la Staatsbibliothek Preussischer Kulturbesitz à Berlin.
XI	Relief d'Ottaviano Zeno après un dessin dans le Codex Pighianus à Berlin, Staatsbibliothek Preussischer Kulturbesitz, Ms. lat. 61, Vorbl. A^r. Photographie avec la permission de la Staatsbibliothek Preussischer Kulturbesitz à Berlin.
XII	Relief d'Ottaviano Zeno après un dessin d'un anonymus de Rome, conservé à Rotterdam, Musée Boymans-van Beuningen. Photographie avec la permission de Madame B. L. D. Ihle, conservatrice au Musée Boymans-van Beuningen.
XIII	Relief d'Ottaviano Zeno après Beger, *Spicilegium*, Pl. XXI.
XIV	Le même monument après Hyde, *Vet. Pers. Hist.*
XV	Le même monument après Eichhorn, *De deo Sole*, fig. 5.
XVI	Le même monument après Seel, *Mithrasgeh.*, Tab. IX.
XVII	Le même monument après de Hammer, *Mithriaca*, Pl. II.
XVIII	Deux dadophores mithriaques, jadis dans la collection de Magarozzi à Rome et maintenant au Louvre. Photographie : Musée du Louvre.

XIX	Relief mithriaque de Rome, actuellement au Musée d'Archéologie et d'Ethnologie de l'Université de S. Paulo. Photographie : Iolanda Huzak.
XX-XXII	Détails du même monument. Photographies : Iolanda Huzak.
XXIII	Le même monument : détail avant le collage du coin gauche inférieur. Photographie : Iolanda Huzak.
XXIV	Le même monument : détail sans le coin gauche inférieur. Photographie : Iolanda Huzak.
XXV	Jaspis, autrefois dans la collection du Comte de Caylus. Photographie après de Caylus, *Recueil d'Antiquités* VI, Pl. LXXIV, 1.
XXVI-XXVII	Relief mithriaque, maintenant à Bologne, Museo Civico. Photographies avec la permission de Prof. Dr. Maria Bollini. (*CIMRM* I, n° 693).
XXVIII	Monument mithriaque découvert à Rome. Actuellement dans le Musée Torlonia, Rome. Dessin après Cumont, *MMṀ* II, 194 fig. 20.
XXIX	Monument mithriaque découvert à Rome. Actuellement dans le Musée Torlonia. Photographie : DAI, Rome avec la permission de Prof. Dr. H. Sichtermann.
XXX, 1	Gemme, maintenant à Florence, Musée archéologique. (*CIMRM* II, n° 2354).
XXX, 2	Gemme, maintenant à Udine, Musée archéologique. (*CIMRM* II, n° 2355).
XXXI, 1	Monument mithriaque, actuellement dans le Musée de Deva. (*CIMRM* II, n° 2006). Photographie : M. J. Vermaseren.
XXXI, 2	Monument mithriaque découvert à Apulum. Actuellement dans le Muzeul Regional à Apulum. (*CIMRM* II, n° 1973). Photographie : M. J. Vermaseren.
XXXII	Monument mithriaque provenant de Tirguşor et maintenant à Constance, Musée archéologique. (*CIMRM* II, n°s 2306-2307). Photographie : M. J. Vermaseren.
XXXIII, 1-2	Monuments mithriaques provenant de Sarmizege-

	tusa et maintenant à Deva, Musée archéologique. (*CIMRM* II, n°s 2120-2123). Photographies : M. J. Vermaseren.
XXXIV, 1	Monument mithriaque provenant de Transsylvanie et actuellement perdu. Dessin après Cumont, *MMM* II, 320 fig. 184. (*CIMRM* II, n° 2185).
XXXIV, 2	Monument mithriaque provenant de Boppard et maintenant à Bonn, Rheinisches Landesmuseum. Photographie après E. Schwertheim, *Die Denkmäler orientalischer Gottheiten im römischen Deutschland* (EPRO 40), Leiden 1974, Taf. 10.
XXXV, 1-2	Monuments mithriaques provenant d'Alba Julia et actuellement dans le Muzeul Regional à Alba Julia. (*CIMRM* II, n°s 1956-1957). Photographies : M. J. Vermaseren.
XXXVI, 1	Couvercle de sarcophage, conservé à Rome, Basilique de St. Laurent-Hors-des-Murs. Photographie après Cumont, *Symb. fun.*, Pl. II, 2.
XXXVI, 2	Couvercle de sarcophage, conservé à Mantoue, Palais Ducal. Photographie après Cumont, *Symb. fun.*, Pl. III, 1.
XXXVII, 1	Moitié de gauche d'un couvercle de sarcophage, conservé au Vatican. Photographie après W. Amelung, *Die Skulpturen des Vatikanischen Museums* II, Berlin 1908, 678 n° 426.
XXXVII, 2	Couvercle de sarcophage, conservé au Vatican. Photographie après Cumont, *Symb. fun.*, Pl. III, 2.
XXXVIII, 1	Lampe provenant d'un atelier romain et conservée à Berlin, Antiken-Sammlung. Photographie après P. S. Bartolo - J. P. Bellori, *Lucernae veterum sepulchrales iconicae ex cavernis Romae subterraneis*, Coloniae Marchicae 1749, fig. 9.
XXXVIII, 2	Lampe provenant d'un atelier romain et conservée à Rome, Musée du Capitolin. Photographie après L. Mercando, *Lucerne greche e romane dell'Antiquarium comunale*, Roma 1962, Tav. VII, 4.

PLANCHES I-XXXVIII

PLANCHE I

PLANCHE II

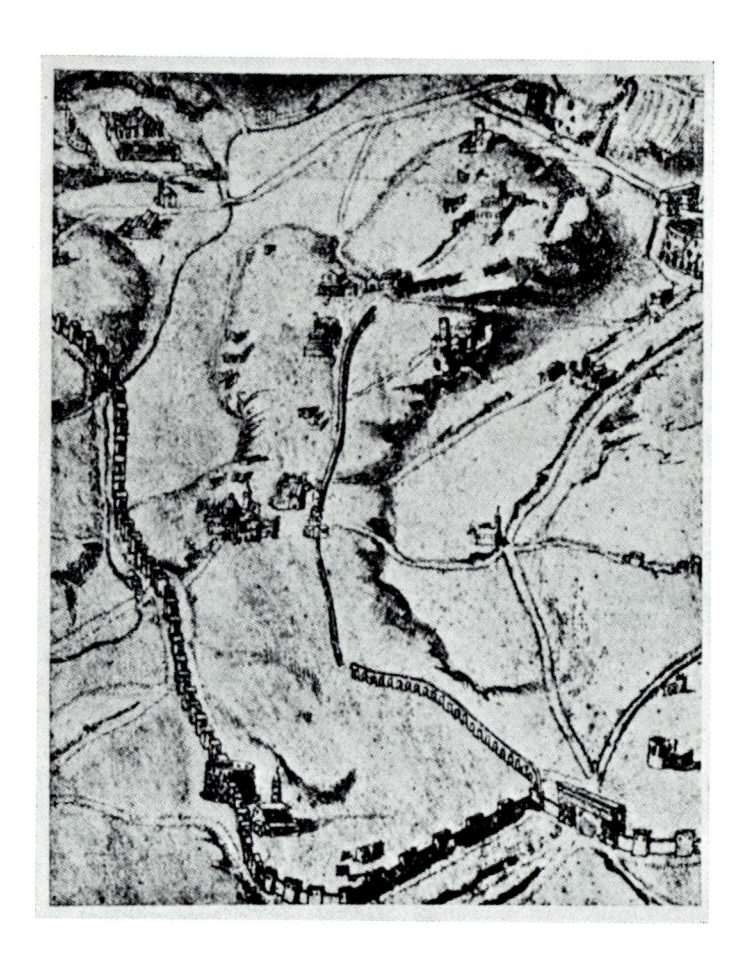

PLANCHE III

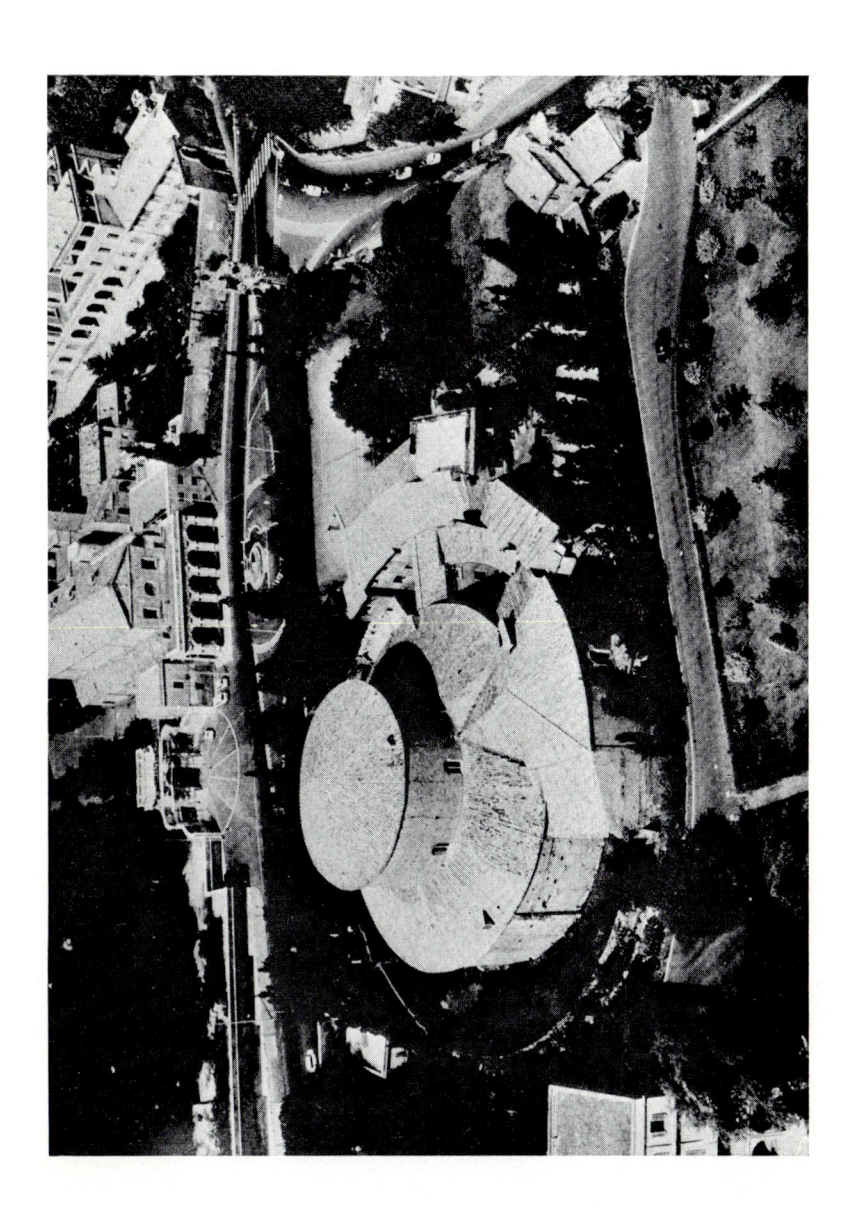

PLANCHE IV

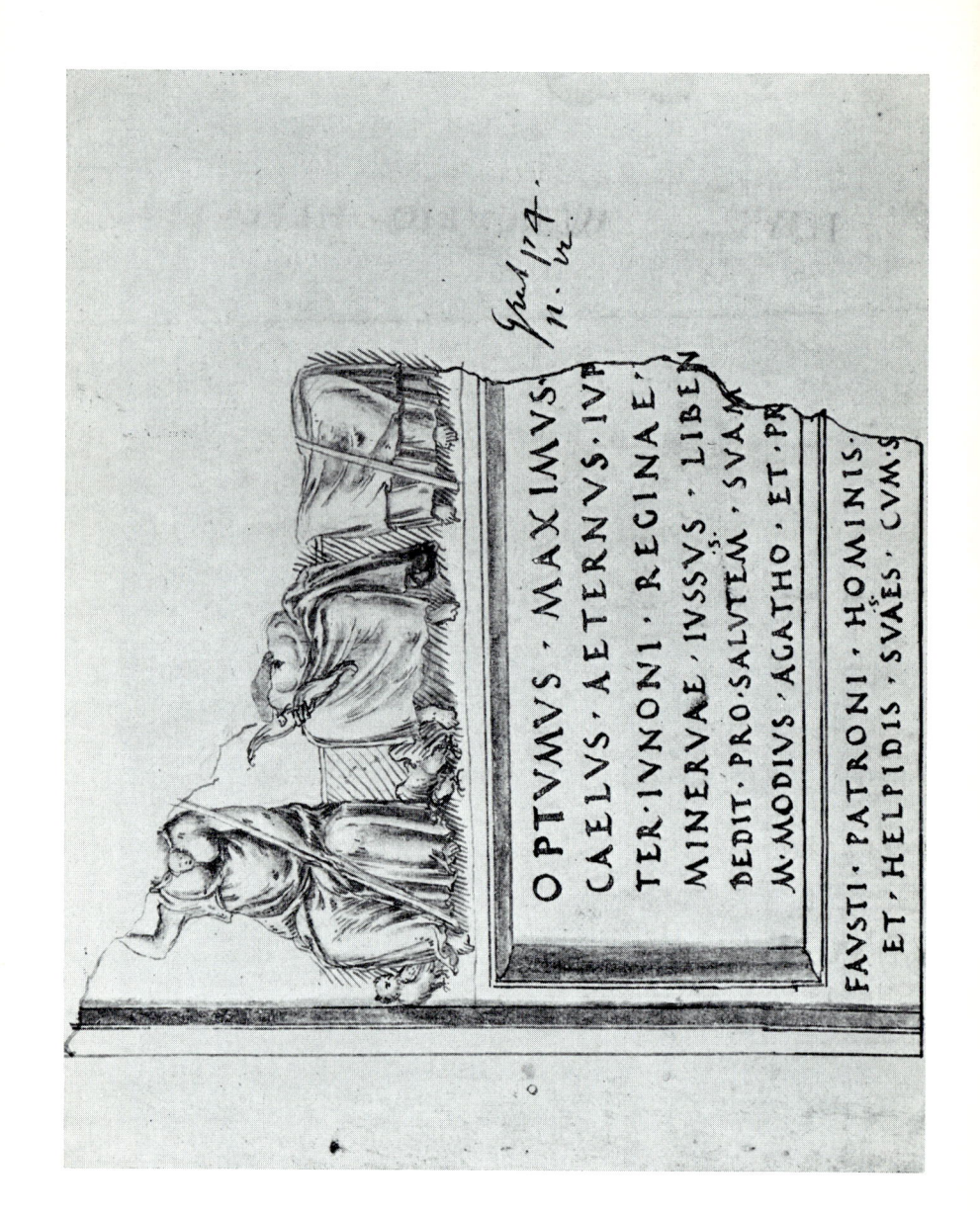

PLANCHE V

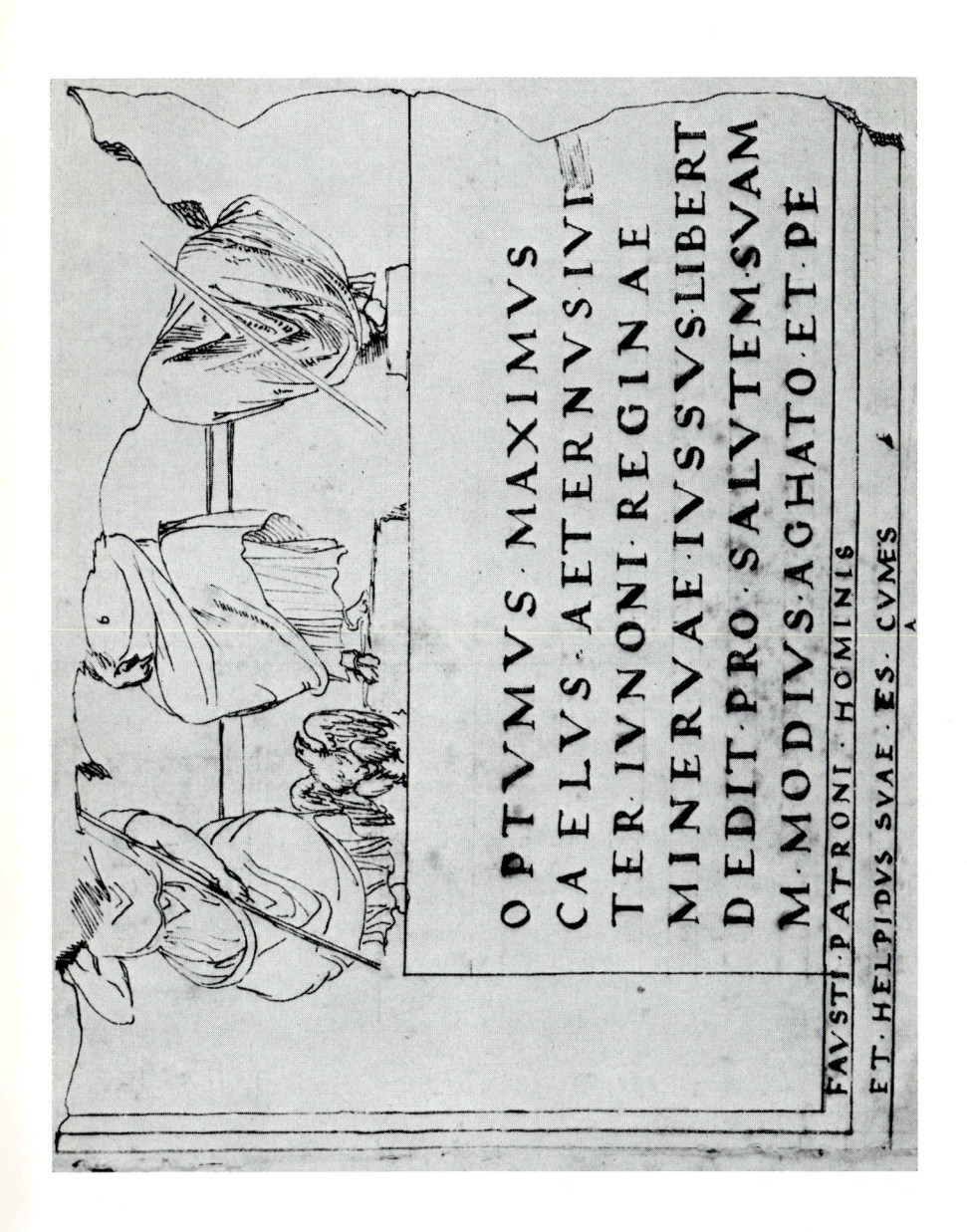

OPTVMVS·MAXIMVS
CAELVS·AETERNVS·IVPI
TER·IVNONI·REGINAE
MINERVAE·IVSSV·LIBERT
DEDIT·PRO·SALVTEM·SVAM
M·MODIVS·AGHATO·ET·PE

FAVSTI·PATRONI·HOMINIS
ET·HELPIDVS·SVAE·ES·CVMES

PLANCHE VI

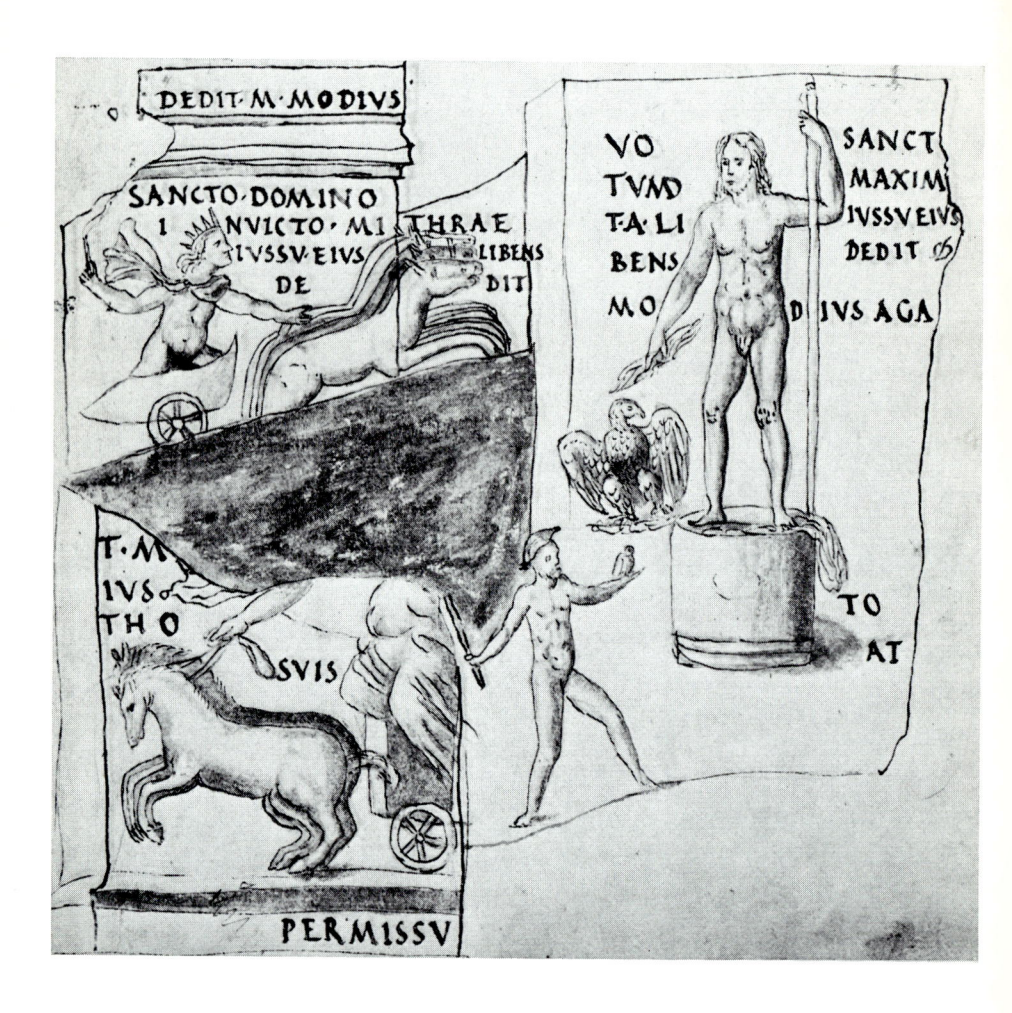

PLANCHE VII

PLANCHE VIII

PLANCHE IX

PLANCHE X

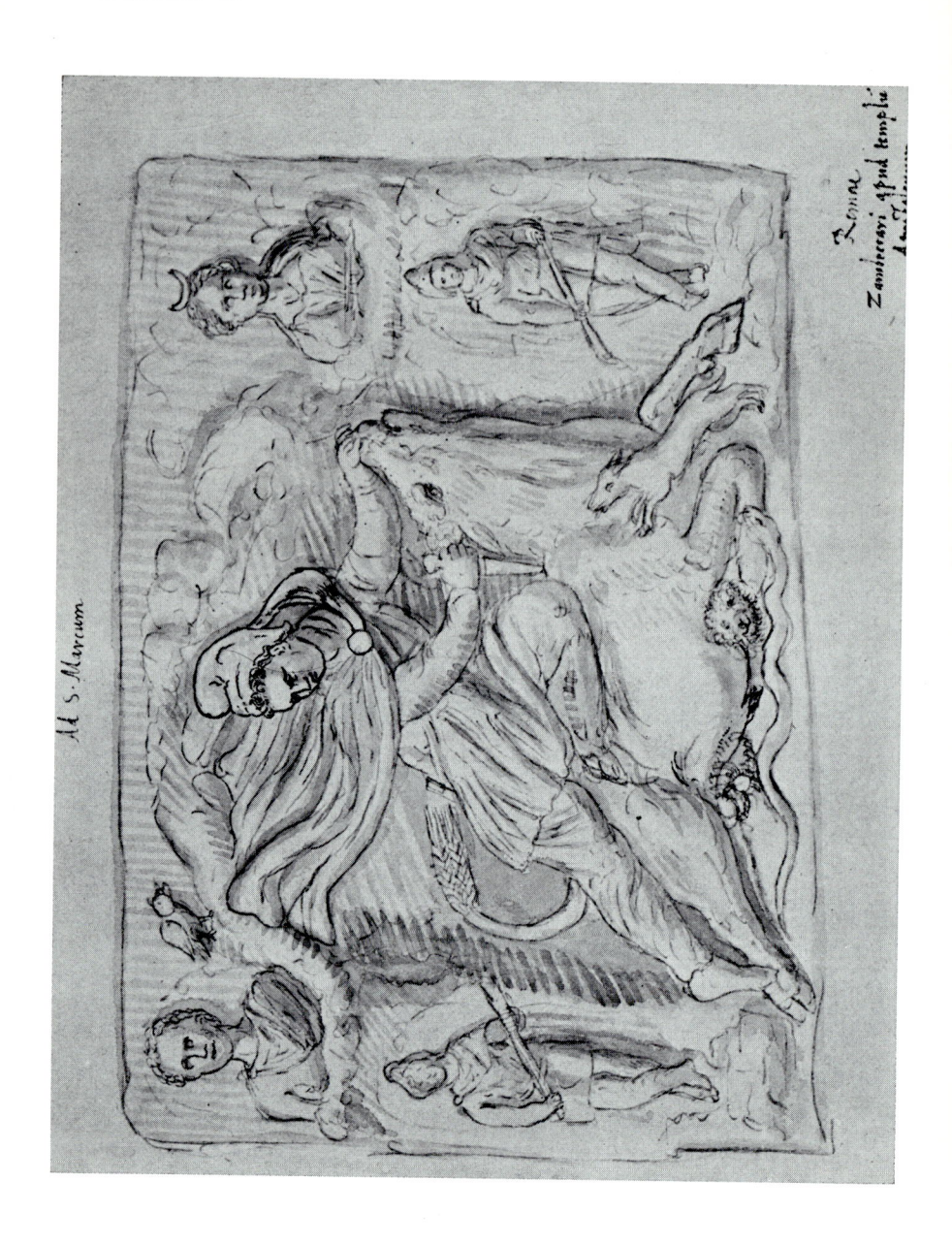

PLANCHE XI

PLANCHE XII

PLANCHE XIII

Planche XIV

Planche XV

Planche XVI

PLANCHE XVII

PLANCHE XVIII

PLANCHE XIX

PLANCHE XX

PLANCHE XXI

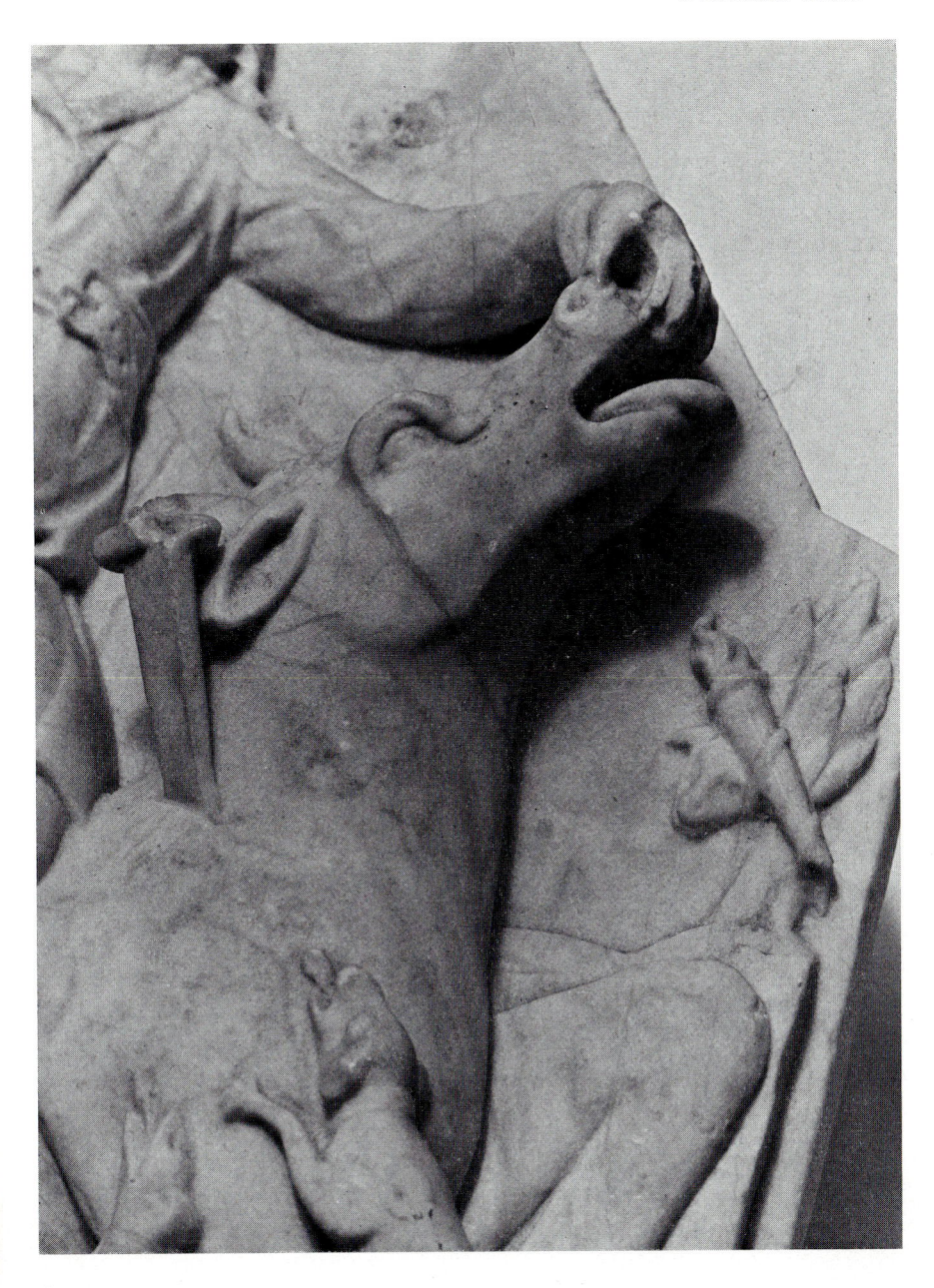

Planche XXII

PLANCHE XXIII

PLANCHE XXIV

PLANCHE XXV

PLANCHE XXVI

PLANCHE XXVII

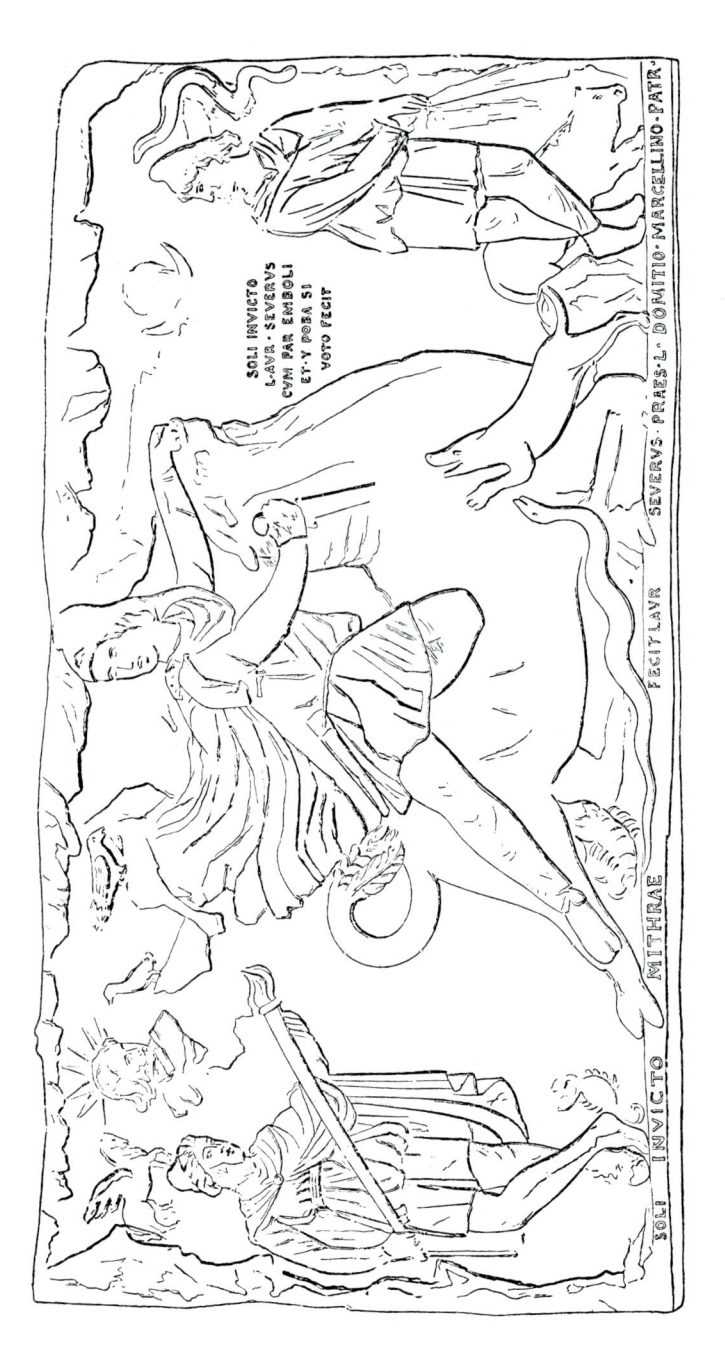

PLANCHE XXVIII

XXIX

PLANCHE XXX

1

2

PLANCHE XXXI

1

2

PLANCHE XXXII

PLANCHE XXXIII

1

2

Planche XXXIV

PLANCHE XXXV

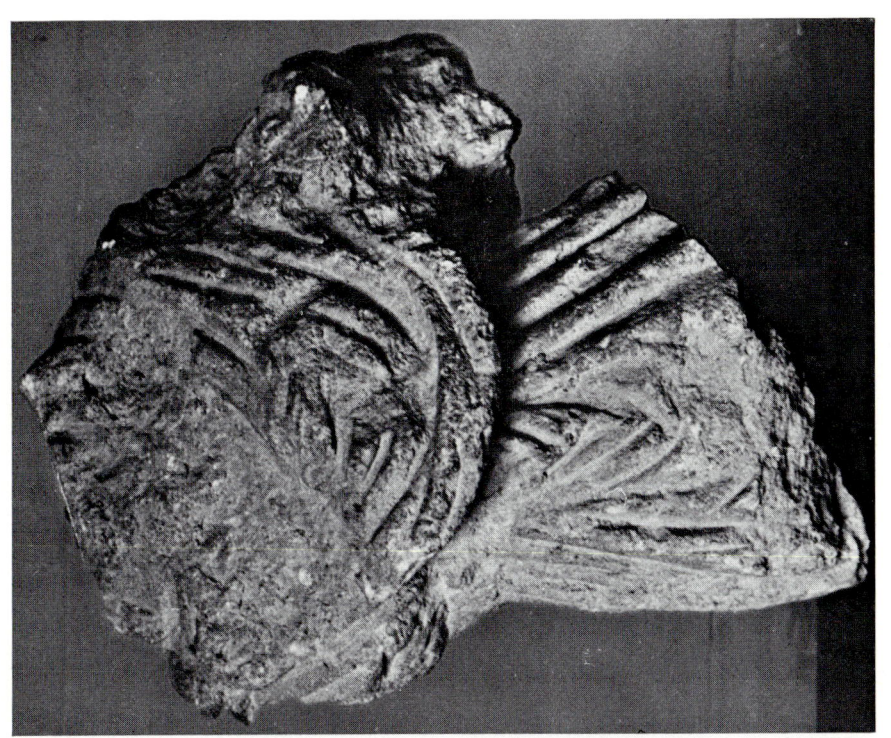

PLANCHE XXXVI

1

2

PLANCHE XXXVII

1

2

PLANCHE XXXVIII

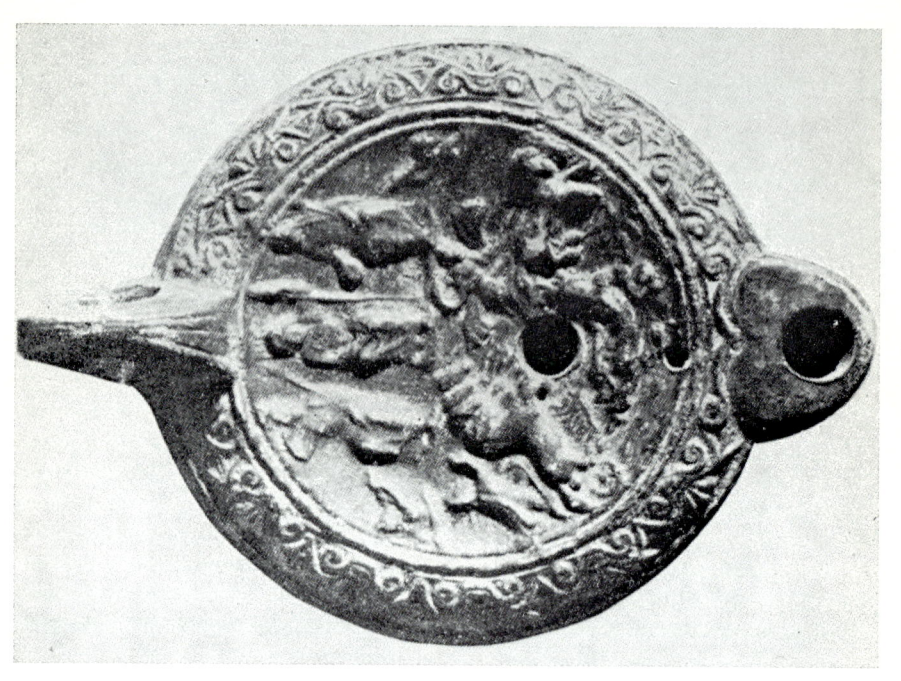

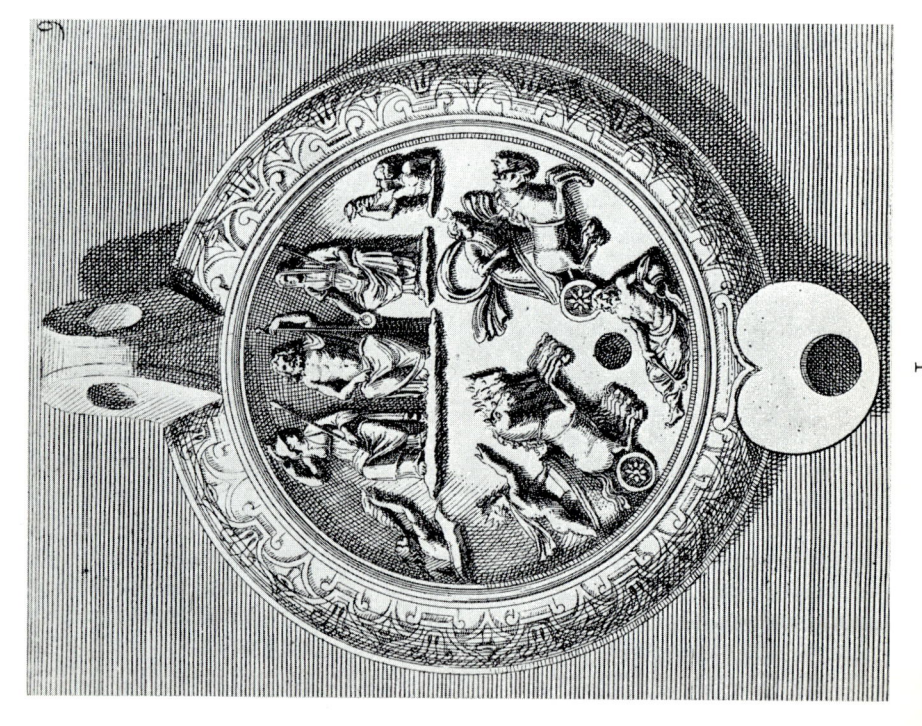